Georg Klingenberg
Römisches Sachenrecht

ローマ物権法
講 義

ゲオルク・クリンゲンベルク 著
瀧澤栄治 訳

大学教育出版

■凡　例
1. 本書は Georg Klingenberg, Sachenrecht, Graz, 1987 の邦訳である。なお、原書は講義用テキスト（Skripten）として執筆され、製本されたものであり、一般に市販されている書籍ではない。
2. 本書にある「著者の追加教材」とは、同じく著者が講義用のために作成した Unterlage zur Vorlesung Römisches Sachenrecht und Grundzüge des Personen- und Erbrechts (Übersichten, Texte aus den Quellen, Beispiele) の一部であり、訳者が追加したものである。
3. 原文で字間のあけられた語には傍点を付した。下線の付けられた語にはゴチック活字を用いたが、それ以外にも訳書の体裁上ゴチック活字を用いたところがある。
4. 節、（ ）等の分類は原著にはなく、訳者が付けたものである。
5. 巻末の索引は訳者が作成したものである。

■略　語
ABGB …… Allgemeines bürgerliches Gesetzbuch オーストリア民法典（1811 年）
BGB ……… Bürgerliches Gesetzbuch ドイツ民法典（1896 年）
GBG ……… Allgemeines Grundbuchsgesetz オーストリア土地登記簿法（1955 年）
『債権法講義』　ゲオルク・クリンゲンベルク『ローマ債権法講義』大学教育出版、2001 年
ユ帝 ……… ユースティーニアーヌス帝（東ローマ皇帝：在位 527–565 年）

ローマ物権法講義

目　次

第1章　物の種類と分類 …………………………………………… 1
　　　(1) 物とは何か　*1*
　　　(2) 物の種類と分類　*1*

第2章　占有 ……………………………………………………… 7
　第1節　占有と所有権　*7*
　第2節　占有と所持　*8*
　　　(1) 占有と所持　*8*
　　　(2) 直接占有と間接占有　*8*
　第3節　占有の効力　*11*
　　　(1) 占有の効力　*11*
　　　(2) 占有の歴史的起源　*13*
　第4節　占有の種類と分類　*14*
　　　(1) 占有の意思による区別　*14*
　　　(2) 占有の性質による区別　*15*
　　　(3) 効力、法律効果からみた占有の分類　*17*
　　　(4) 所有権と役権・用益権　*18*
　　　(5) まとめ　*19*
　第5節　占有の取得　*21*
　　　(1) 占有の取得における原則　*21*
　　　(2) 簡易の引渡 TRADITIO BREVI MANU　*22*
　　　(3) 占有改定 CONSTITUTUM POSSESSORIUM　*23*
　　　(4) 代理人による占有の取得　*24*
　第6節　占有の継続　*25*
　第7節　占有の喪失　*26*
　第8節　占有訴権と本権の訴え　*29*
　　　(1) 占有訴権による手続　*29*
　　　(2) 本権の訴えによる手続　*30*
　第9節　占有の保護　*30*

第3章　所有権 …………………………………………………… 35
　第1節　所有権概念の歴史的展開　*35*
　　　(1) 全般的な支配権から物に対する所有権への展開　*35*
　　　(2) 相対的所有権と絶対的所有権　*35*

目 次 *iii*

第 2 節　所有権の種類と分類　*36*
　　　（1）権利の主体または客体による分類　*36*
　　　（2）権利の基礎による分類　*37*
　　　（3）所有権の、客体に対する権利主体の数による区別　*38*
第 3 節　所有権の性質　*39*
第 4 節　公共の利益による所有権の制限（概観）　*40*
第 5 節　相隣関係法　*40*
　　　（1）突出　*40*
　　　（2）落下　*41*
　　　（3）イミシオーネン　*41*
　　　（4）雨水の流出　*41*
　　　（5）建物倒壊による危険　*41*
　　　（6）不当な建物の建築　*42*
　　　（7）隣地通行権　*43*
　　　（8）境界争い　*43*
第 6 節　譲渡の禁止　*43*
第 7 節　共有　*44*
　　　（1）処分行為　*45*
　　　（2）共有物に対する事実的処置（例えば、耕作、家屋の建築）　*45*
　　　（3）共有関係の終了　*46*
　　　（4）分割訴権の目的と作用　*46*
第 8 節　所有権の取得態様の分類　*46*
　　　（1）承継取得と原始取得　*46*
　　　（2）市民法上の取得と自然法上の取得　*47*
　　　（3）有因取得と無因取得　*47*
第 9 節　Titulus-Modus 理論　*51*
　　　（1）ローマ法におけるその手がかり　*51*
　　　（2）Titulus-Modus 理論　*52*
　　　（3）所有権移転のそれ以外の構成　*52*
第 10 節　承継取得　*56*
　　　（1）所有権移転行為の経過　*56*
　　　（2）ガーイウス『法学提要』第 1 巻第 119 節（握取行為）　*57*
　　　（3）ガーイウス『法学提要』第 2 巻第 24 節（法廷譲与）　*58*
第 11 節　握取行為の効果　*58*

　　　　(1) 物権法上の効果：所有権の移転　　58
　　　　(2) 譲渡人の担保責任　　59
　第 12 節　無主物先占　　60
　　　　(1) 手中物の場合　　60
　　　　(2) 非手中物の場合（学派間で論争があった）　　60
　第 13 節　遺失物拾得と埋蔵物発見　　61
　　　　(1) 通常の発見　　61
　　　　(2) 埋蔵物の発見　　61
　第 14 節　附合、混和、加工　　62
　　　　(1) 附合　　62
　　　　(2) 混合と融和〔混和〕　　65
　　　　(3) 加工　　66
　第 15 節　果実の取得　　66
　第 16 節　取得時効　　68
　　　　(1) その展開の歴史（概観）　　68
　　　　(2) 使用－担保の原則　　69
　　　　(3) 古典期の使用取得　　69
　　　　(4) 使用取得における法的保護　　72
　　　　(5) 長期間の前書　　73
　　　　(6) ユ帝法における取得時効　　73
　第 17 節　所有権の法的保護　　74
　　　　(1) 所有物取戻訴権（rei vindicatio）　　74
　　　　(2) 所有物取戻訴権（詳述）　　76
　　　　(3) 否認訴権（actio negatoria）　　83
　　　　(4) プーブリキウス訴権（actio Publiciana）　　84
　　　　(5) 使用取得占有者および法務官法上の所有者のための本権の訴えによる法的保護　　85

第 4 章　他物権 ……87

　第 1 節　役権　　87
　　　　(1) 地役権　　88
　　　　(2) 用益権　　91
　　　　(3) その他の人役権　　94
　第 2 節　永借権　　95

第3節　地上権　*96*

第5章　担保権……………………………………………………*98*
　　第1節　担保権の諸原則　*99*
　　　　（1）附従性の原則　*99*
　　　　（2）特定の原則　*99*
　　　　（3）公示の原則　*100*
　　　　（4）責任不可分の原則（*pignorum causa est indivisa* 質権の性質は不可分である）　*100*
　　　　（5）順位優先の原則　*101*
　　　　（6）他物権（*ius in re aliena*）であること　*101*
　　　　（7）物権であること　*101*
　　　　（8）制限物権であること　*101*
　　第2節　信託　*102*
　　第3節　担保権　*104*
　　　　（1）質と抵当　*104*
　　　　（2）担保権の発生　*105*
　　　　（3）担保権の消滅　*108*
　　　　（4）担保権の客体　*109*
　　　　（5）担保権の効力　*109*
　　　　（6）担保権における法的保護　*113*
　　　　（7）数個の担保権設定　*115*

オーストリア民法引用条文　*120*
邦語索引　*123*
原語索引　*135*
成句索引　*147*
資料索引　*148*
訳者あとがき　*149*

第1章　物の種類と分類

(1) 物とは何か

ローマの法学者ガーイウスはその著書『法学提要』において、物 res に関して無体物をも含む広い概念を用いた。そして、無体物の例としてとりわけ債権および相続財産を挙げる。

| 有体物 res corporales | — | 無体物 res incorporales |

したがって、ガーイウスはこの観点に基づいて相続法、債権法も「物の法 de rebus」に属するものとして論じている。ABGB はこの影響を受けて物の概念を広く捉え（§285「人と区別され、人の使用に役立つものはすべて、法的な意味において物と呼ばれる」）、また物の法をさらに「物的な物の法」と「人的な物の法（＝債権法）」とに分けている。しかし、狭義の「物の法」は、有体物、そして物権のみをその対象とする。

(2) 物の種類と分類

ローマ法における物の主要な分類は以下の通りである。

1) 取引対象となる物と対象外の物

| 融通物 res in commercio | — | 不融通物 res extra commercium |
| （取引対象となる物） | | （取引対象外の物） |

私的な法的取引の対象となり得る物。

私的な法的取引から除外される物であり、以下の物がこれに属す。
・神法上の物 res divini iuris

- 万人共有物 res communes omnium
  例えば空気、海
- 公有物 res publicae

2) 人法上の物と神法上の物

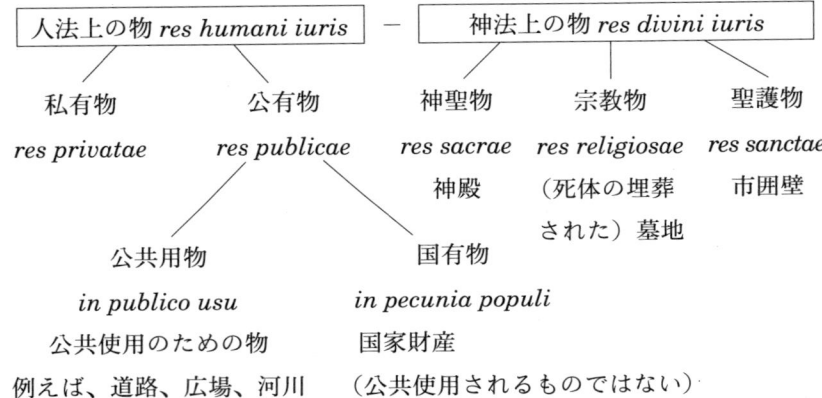

3) 手中物・非手中物
所有権譲渡の形式にとっては、以下の区別が重要である。

手中物 res mancipi	非手中物 res nec mancipi
農業にとって重要な以下の財貨が手中物に属す。	手中物には属さないその他いっさいの物が非手中物に属す。

- イタリアの土地
- 奴隷
- 大型家畜（頸、背で馴らされる動物）
- 古くからの4種の土地役権（無体物）

| 手中物は、市民法上、**握取行為** mancipatio または法廷譲与 in iure cessio の形式でのみ、その所有権が移転する。もし手中物が上述の形式ではなくて単なる引渡により | 非手中物は、単なる**引渡** traditio （無方式の引渡）によりその所有権が譲渡される。 |

譲渡されたならば、取得者は法務官法上の所有者となる。

4）動産・不動産

動　産	–	不　動　産
		（土地）

　この区別が意味を持つのは、以下の場合である。
　　① 取得時効　使用取得（*usucapio*）成立のための期間は、動産については1年、不動産については2年である。
　　② 占有保護　動産および不動産に関しては、異なる特示命令が存在した。例えば、土地については不動産占有保持の特示命令（*interdictum uti possidentis*）、動産については動産占有保持の特示命令（*interdictum utrubi*）が存在した。

5）消費物・非消費物

非消費物	–	消　費　物
		その使用目的が、消費（例えば食料品、ワイン）または譲渡（例えば金銭）である物。

6）代替物・不代替物

不代替物	–	代　替　物
取引上、その個性に着目して特定される個々の特定物（*species*）。例えば、奴隷ティティウス、画家ピュティオスの描いた「ヴィーナスの微笑」		取引上、その種類（*genus*）に属していることだけが問題となる物。しばしば、量、数および重さによって特定される（重さ、数、計量により定まる物 *res quae pondere numero mensurave constant*）。例えば、穀物、ワイン、金銭、煉瓦

代替物が、返還を義務とする契約（例えば寄託、質）の対象となるとき、受領者はその物に対する所有権を取得する。受領者は、同量・同質の物（同じ種類で同じ品質の同じだけの量 *tantundem eiusdem generis et qualitatis*）を返還する義務を負う。

7) 物の結合

```
              複数の物の結合
           ／            ＼
      物理的結合          経済的結合
```

例）棚とそこに組み込まれた板　　例）箱と鍵
　　土地と家屋　　　　　　　　　　　農地と農具
　　一冊の本の各頁　　　　　　　　　一足の靴
　　絵画と額縁
　　自動車とタイヤ

結合の生じ方としては、対等関係にあるものが結合している場合（一冊の本の各頁）と、従属関係にあるものが結合している場合（絵画と額縁）の2つがあり得る。

物の結合が生じた場合、法律上、結合しているそれぞれの構成部分に対して独立した権利が存在するのか否かが問題となる。ローマの法学者は、所有物取戻訴権の提起可能性という観点から、この問題を扱っている。すなわち、所有権訴訟において対象となり得るのは何か。

　・結合されたまさにその物全体だけなのか、
　・それとも各部分もまた対象となり得るのか。

この問題に関連して、さらに以下の区別が問題となる。

8) 単一物・合成物・集合物

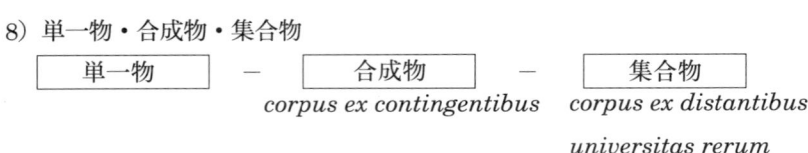

第1章 物の種類と分類　5

　　　　　例）家屋、船舶　　　　　　例）家畜群、倉庫の商
　　　　　　　　　　　　　　　　　　　　品、蔵書

9) 集合物
　普通法においてはさらに、物の集合物と権利の集合物（ここでは無体物として の財産権もまた含まれることになる）とが対置された。

物の集合物	—	権利の集合物
universitas rerum,		*universitas iuris*
universitas facti		財産的価値を持つ権利の総体＝財産
有体物の総体		例）相続財産 *hereditas*
例）家畜群		特有財産 *peculium*：奴隷、
倉庫の商品		家子の特別財産

10) 主物・従物
　物相互の従属関係という観点から、我々は以下の区別をしている。

主物	—	構成部分	—	従物
	独立している構成部分	独立していない構成部分		それ自体としては独立している物であるが、経済的に継続して主物に従属する。
	物理的に分離することが可能であり、経済的に代替可能な構成部分。	物理的に分離することが不可能であるか、経済的に代替不能な構成部分。		例）指輪のケース　農地の農具
	例）指輪の宝石	例）壁の煉瓦　本の一枚一枚　土地上の家屋　未だ分離されていない果実も法的には独立していない構成部分である。		

独立している構成部分に関しては、それ自体に対する固有の権利が存在し得る。これに対して、独立していない構成部分は、必然的に、主物と法律的運命を共にする（従物は主物に従う *accessorium cedit principali*）。

11）元物・果実

| 元物 | － | 果実 |

　　　　　　　　　　　　　　　1）天然果実 *fructus naturales*
　　　　　　　　　　　　　　　　例）果実、農産物
　　　　　　　　　　　　　　　　　　地下資源
　　　　　　　　　　　　　　　　　　動物の産物
　　　　　　　　　　　　　　　　　　動物の子
　　　　　　　　　　　　　　　2）法定果実 *fructus civiles*
　　　　　　　　　　　　　　　　例）土地の賃貸による賃料

天然果実は、分離されるまでは、元物の独立していない構成部分であり、それ自体に固有の権利は成立し得ない。分離後に、独立している物となる。

第 2 章　占　有

第 1 節　占有と所有権

物権の本質的な特性は、**所有権**（物に対する包括的支配権）と**占有**（物に対する事実的支配）とを区別することである。

所有者（*dominus*）とは、物が帰属しているその主体である（すなわち、法的にその支配権が割り当てられている者である）。

占有者（*possessor*）とは、物を事実上支配する者であり（かつ、物を自己のものとして所持する意思を持つ者である）。したがって、占有は2つの要素から成り立つ。

- **体素**（*corpus*）：物との物理的接触関係または物に対する制御
- **心素**（*animus*）：占有意思（*animus possidendi*）

ふつう占有と所有権は同一人に帰属する。

例）物の帰属主体であるAは、自らその物を支配している。

　所有者にして占有者

しかし、これら2つの地位が分離する場合も見られる。

例）BはAの物を盗んだ。　　　　例）盗人Bは、盗んだ物をCに売却し、引き渡した。Cは、Bが盗んだことを知らず、Bは所有者であると思っていた。

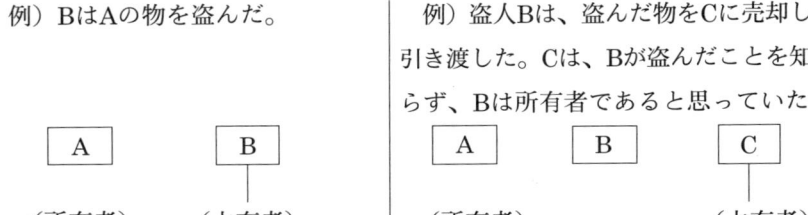

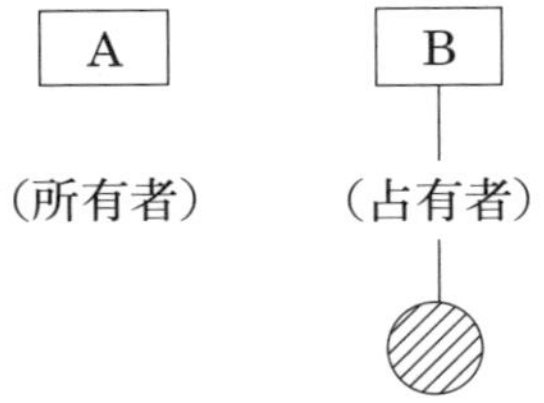

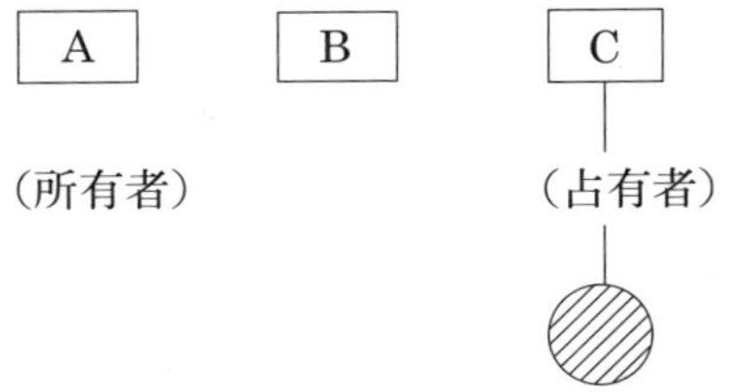

第2節　占有と所持

(1) 占有と所持

- 専門用語としての占有者（*possessor*）とは、物の支配の他にいわゆる占有意思（*animus possidendi*：自己のものとして物を所持する意思 *animus rem sibi habendi* ＝自主占有意思）をも持つ者に限られる。
- 物を自己の権力Machtまたは支配Gewahrsamの下におく者ではあるが、自主占有意思を持たない者は、所持者（Detentor）にすぎない。占有に結び付けられる効果および利益（11頁以下参照）は、所持者には帰属しない。

　所持者とは、例えば賃借人、使用貸借借主、受寄者である。所持者は、確かに自己の手元に物を持っている（「自己の支配下におく」）が、自主占有者ではない。なぜなら、自己の物として所持しているのではなく、返還義務を負う物として所持しているからである。

(2) 直接占有と間接占有

直接占有	間接占有
人が自ら占有する場合（すなわち、物が占有者の下にある場合）には、	人が中間者を介して占有する場合には、

第 2 章 占 有   9

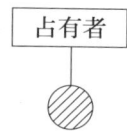

我々はこれを**直接**占有と呼ぶ。
(もちろん、その者は占有意思も持っていなければならない。)

我々はこれを**間接**占有と呼ぶ。
例)
・権力者は彼の権力服従者(奴隷、家息)を通して占有する。
・物が賃貸、使用貸借、寄託のために与えられたとき、依然として賃貸人、使用貸借貸主、寄託者が占有し(かつ所有者である限りは同時に所有権も持つ)、これに対して、賃借人、使用貸借借主、受寄者は占有者ではなくて、所持者に過ぎない。

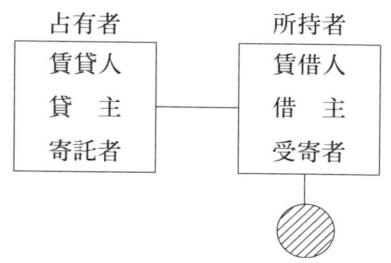

【練習問題】
　以下の事例における各当事者(アウルス、バルビヌス、クリスプス)の物権法上の地位を記入せよ。

	アウルス	バルビヌス	クリスプス
アウルスはたった今、適法に自転車を取得した。アウルスは自転車に乗って店から家へ帰る。	所有者 占有者		

	所有者	占有者	
3日後、自転車はバルビヌスによって盗まれた。バルビヌスはその自転車に乗っている。			

アウルスはたった今、適法に本を取得した。アウルスは家にいて、この本を読んでいる。	①		
アウルスは旅行に出かけ、その間この本はアウルスの書庫にある。	②		
本はバルビヌスによって盗まれた。バルビヌスはその本を家に持って帰った。	③	④	
数日後、バルビヌスは本をクリスプスに売却し、引き渡した。	⑤		⑥

アウルスは礼服を持っていた。礼服はアウルスの洋服ダンスにしまってある。	⑦		
アウルスは礼服をバルビヌスに貸した。バルビヌスはこれを着てパーティーに出席。バルビヌスは約束した返還期日までの間、彼の洋服ダンスに礼服を掛けておいた。	⑧	⑨	

アウルスは彼の別荘をバルビヌスに賃貸した。バルビヌスは家族と共にそこに住んでいる。	⑩	⑪	
バルビヌスは別荘の一室をクリスプスに又貸しした。	⑫	⑬	⑭

アウルスの犬がバルビヌスの家に迷い込んだ。バルビヌスはこの犬をとても気に入って飼うことに決め、元の飼い主を探すことはやめにした。	⑮	⑯	
バルビヌスは旅行に出かけなければならないことになり、その間の数日間、隣に住むクリスプスが犬の面倒を見た。	⑰	⑱	⑲
犬はクリスプスの家から逃げ出して、アウルスのところに帰ってきた。犬との再会にアウルスは天にも昇る心持ちである。	⑳		

【解答】

①所有者＋占有者　②所有者＋占有者（**注意**　旅行に出かけても、占有はそのままである。心素は維持され、体素は家ないし書庫における保管を通してなお存在する。）　③所有者（もはや占有者ではない！）　④占有者（しかし所有者ではない！）　⑤所有者　⑥占有者（しかし所有者ではない！）

⑦所有者＋占有者　⑧所有者＋占有者（**注意**　アウルスはバルビヌスを介して間接的に占有している。）　⑨所持者（**注意**　バルビヌスは自主占有意思を持たない。）

⑩所有者＋占有者　⑪所持者　⑫所有者＋占有者　⑬所持者　⑭所持者（**注意**　この場合、いわゆる所持者の連鎖が生じる。）

⑮所有者　⑯占有者　⑰所有者　⑱占有者　⑲所持者　⑳所有者＋占有者

第3節　占有の効力

(1) 占有の効力

物に対する所有権が法秩序によって保護されるのは、当然のことである。つまり、所有者は所有権訴訟（所有物取戻訴権 *rei vindicatio*）によって、不法に占有する何人に対しても自己の物の返還を請求することができる。

占有は基本的には権利ではなく事実と見られるものではあるが、法秩序はそのようなものとしての占有に法的利益と法律効果を結び付けた。ローマの法秩序においては、以下の効果が占有に付与された。

①　占有は、占有を根拠づける権利の有無とは無関係に、それ自体として法務官の特示命令によって保護された。

　　もっとも占有者が、特示命令によって保護されたとしても、物に対する真の権利者ではない場合には、彼の享受する保護は暫定的なものにすぎない。つまり、真の権利者は、その後、彼に対して本権の訴えを提起することが可能であり、占有者はこの訴訟では負けることになるからである。

以下の2つの訴訟を区別せよ。

> **本権の訴え**（*petitorium*）
> 　　本権の訴えとは、物に対する権利が問題とされる訴訟をいう。
> 　　例えば、所有権訴訟（所有物取戻訴権）。
> **占有訴権**（*possessorium*）
> 　　占有訴権においては、占有の保護が問題となり、物に対する権利は審理の対象とならない。
> 　　例えば、法務官の占有保護の特示命令。

　占有保護の目的は、法の平和の維持と違法な自力行使の撲滅である。このより高次な利益のために、法秩序は、無権利者でさえ一時的には占有保護を受けられることを甘受したのである。

② 占有は、所有権の争い（本権の訴え）における当事者の立場を決める基準となる。原則として、物を占有する側が有利な立場の被告となり、非占有者が不利な立場の原告となる。

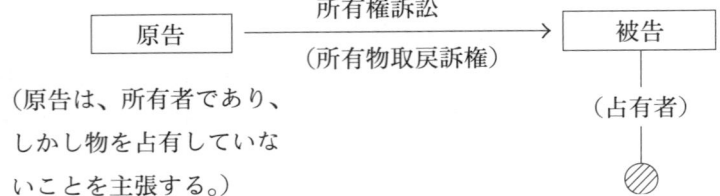

（原告は、所有者であり、しかし物を占有していないことを主張する。）

原告の方が訴訟において不利な立場に立つ。なぜなら、原告は証明責任を負うからである。例えば、原告は所有権訴訟において物に対する自己の権利を証明しなければならない。この証明が失敗し、または疑わしいままに終わった場合、被告に有利な判決が下されることになる（「疑わしきは被告に有利に *in dubio pro reo*」）。

③ 所有権の取得は、しばしば占有の取得を伴う。例えば、非手中物について引渡を用いて、したがって占有の移転によって所有権の譲渡がなされた場合である。

④ 無権利者による占有の継続的行使は、権利の取得をもたらす場合がある。例えば、取得時効による所有権の取得。

さて、以上の効果を顧慮して、ローマの法学者は占有について以下の分類をしている。

- ローマの法学者は、占有の、所有権の取得を媒介する効果を念頭におくとき、その占有を次のように呼んだ。　──────→　**市民的占有** (*possessio civilis*)

   この効果は、承認された法原因（正当原因 *iusta causa*、権原 Titel）に依拠し得る占有であれば、常に発生する（例えば、売買、贈与、嫁資の設定、遺贈、弁済）。

- 占有の保護が問題となるときは、ローマの法学者はその占有を次のように呼んだ。　──────→　**占有訴権付占有** (*possessio ad interdicta*)

- 取得の効果も占有の保護も発生しない（したがって専門用語としては占有に当たらない）状態を述べるとき、ローマの法学者はその占有を次のように呼んだ。　──────→　**自然的占有** (*possessio naturalis*)

   物の単なる所持者がこの状態におかれた。

【注意】市民的占有と占有訴権付占有の各概念は、両立し得る概念である。つまり、多くの場合に、人は市民的占有者であると同時に占有訴権付占有者でもある。

(2) 占有の歴史的起源

占有が持つ重要な 2 つの効果（取得時効と占有保護）は、以下のそれぞれに起源を持っている。

1) 使用 *usus*

　　この表現は十二表法に見られ、そこでは物または人に対する事実的権力であって、その継続的行使によって支配権（物に対する所有権、妻に対する手権 *manus*）の取得をもたらすものを意味した。**市民的占有**はここに起源を持つ。

2) 公有地 *ager publicus* における占有

　　ローマ国家は、耕作のため私人に公有地を割り当てた。割り当てた土地の取消または没収は可能である。所有者は依然として国家である。私人たる耕作者のおかれた状態は、**占有**（*possessio*）と表現された。この占有は

特示命令による特別の行政手続において、第三者の侵害から保護された。占有の保護および**占有訴権付占有**の起源は、ここに遡る。

第4節　占有の種類と分類

(1) 占有の意思による区別

いかなる意思を持って物を支配しているのかによって、占有は以下の2つに区別される。

自主占有	他主占有
自己のために物を支配し、自己のものとして物を所持する意思を持つ場合、その者は自主占有者である（自己のものとして物を所持する意思 *animus rem sibi habendi* ＝自主占有意思、所有者意思 *animus domini* とも呼ばれる）。 以下の場合が自主占有者となる。 ・占有する所有者 ・占有する非所有者 　① 善意占有者 　② 悪意占有者	他人のために物を支配し、他人のために物を所持する意思を持つ場合、その者は他主占有者である（他人のために物を所持する意思 *animus rem alteri habendi*）。 他主占有者は、自己が返還義務を負っていることを認めている。 【注意】オーストリア法には「他主占有」という概念がない。§309（2. Satz）ABGBにおける占有の定義に該当するのは、自主占有者のみである。

以上の分類は、占有保護の問題において重要となる。

自主占有者はすべて占有保護を受ける。これに対して、一般的に他主占有者は占有保護を受けない単なる所持者にすぎず、したがって専門用語としての占有者ではない。この場合の占有者は、他主占有者がその人のために所持しているところの人（例えば賃貸人、使用貸借貸主、寄託者等）となる。他主占有における例外として、4種類のものがあり（質権者、容仮占有者、永借人、係争物受寄者）、この場合には各当事者の特別の利害状況が顧慮されて、占有保護が与えられる。

(2) 占有の性質による区別

占有を取得する際の、占有の性質を決める特徴に従い、我々は以下の分類を行う。

① 占有が権原（正当原因）に基づくものであるか否かによって、占有は以下の2つに区別される。

権原ある占有	権原なき占有
ローマの法学者が用いた表現 ＝正当原因に基づく占有 *possessio ex iusta causa* ＝市民的占有 *possessio civilis*	
（ABGB：適法な占有）	（ABGB：違法な占有）

正当原因とは、所有権の取得を正当化する、承認された法原因（例えば売買、贈与、嫁資の設定、遺贈、弁済）である。

このような承認された取得原因に依拠し得る占有を、市民的占有と呼ぶ。

市民的占有は取得時効（使用取得）および引渡による所有権取得のための要件である。これに対して、権原ある占有となき占有との区別は占有の保護においては意味を持たない。権原なき占有者も占有の保護を受け得るからである。

② 真の権利関係を（所有者ではない）占有者が知っていたかどうかによって、我々は以下の区別をする。

善意占有 *bonae fidei possessio*	悪意占有 *malae fidei possessio*
（ABGB：誠実な占有）	（ABGB：不誠実な占有）
善意の占有者とは、免責し得る錯誤により自己が所有者となったと信じた者である。	悪意の占有者とは、自己が所有者でないことを知っていた、または知らなければならなかった（すなわち免責し得ない錯誤により知らなかった）者である。

| 例)・前主は所有者ではなかったけれども、所有者であると思ったので、そう信じた者 | 例)・盗人
・売主のものではない物をそれと知りながら取得した者 |

この区別は、取得時効の問題において重要となる。善意の占有者だけが、時効により所有権を取得することができるからである。もっともローマ法は、善意の要件は占有取得時において満たせば足りるものとした。

占有保護の問題においては、この区別は意味を持たない。悪意占有者（例えば盗人）もまた、占有の保護を受けることができるからである（もちろん盗まれた被害者に対抗しては保護されないが、第三者に対しては保護される）。

③　占有取得の態様によって、以下の2つが区別される。

瑕疵なき占有 *possessio non vitiosa* （ABGB：真正な占有）	瑕疵ある占有 *possessio vitiosa* （ABGB：不真正な占有）
瑕疵なき占有とは、暴力、隠秘、許容によることなく占有を取得した場合をいう。	瑕疵ある占有とは、暴力、隠秘、許容により占有を取得した場合をいう。

「隠秘により」"*clam*"：秘かに占有が取得された場合、例えば窃盗によって。
「暴力により」"*vi*"：暴力を用いて占有が取得された場合。
「許容により」"*precario*"：占有が、拘束力を持たず、いつでも自由に撤回し得る容仮占有（*precarium*）に基づいている場合。

以上の分類は、特示命令の手続において役割を演じる。原則として、相手方との関係で瑕疵なき占有者だけが、保護に値するからである。

占有保護のための手続においては、占有に瑕疵があるかどうかはその相手方との関係においてのみ、したがって相対的に判断される。例えば、BがAの物を盗み、その後CがBからその物を盗んだとする。B－C間の占有訴権においては、Cのみが瑕疵ある占有者である。場合によってはあり得るA－C間の占有訴権においては、占有に瑕疵はない。

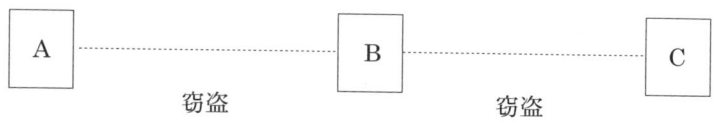

(3) 効力、法律効果からみた占有の分類

効力および法律効果を基準として、ローマの法学者は占有を以下のように分類した。

　　　市民的占有　　　　占有訴権付占有　　　　自然的占有

① 市民的占有

自己の占有が正当原因（＝権原）に基づく占有である者を市民的占有者という。

正当原因とは、所有権の取得を正当化する法原因であり、例えば売買、贈与、嫁資の設定、遺贈、弁済がそれに当たる。

〈市民的占有の効力〉

・市民的占有は、使用取得による所有権取得のための要件である。
ローマの法学者は、使用取得における権原を「・・・として"pro....."」という言い回しで表現した。
　例）彼は買主として pro emptore 占有する（＝売買契約に基づく占有）
　　　彼は遺贈されたものとして pro legato 占有する（＝遺贈に基づく占有）

・市民的占有は引渡により非手中物の所有権を直ちに取得するための要件である。
権原（正当原因）に基づき所有者から非手中物の引渡を受けた者は、市民的占有と共に、引き渡された物に対する所有権を取得する。

② 占有訴権付占有

占有訴権付占有者に該当する者	占有訴権付占有者に該当しない者
すべての**自主占有者**	他主占有者
（自己のものとして物を所持する意思）	（他人のために物を所持する意思） ただし、これには以下の**4つ**の例

- 自ら物を占有する所有者（占有する所有者）
- 占有する非所有者

　　　善意の占有者　　悪意の占有者
　　　　　　　　　　　例えば盗人

- 占有質を受け取った質権者
- 永借人（*emphyteuta*）
- 容仮占有者（いつでも自由に撤回され得るものとして懇願により物を受け取った者）
- 係争物受寄者 Sequester（＝訴訟係属中の係争物の受寄者）

外があり、他主占有者ではあるが占有訴権付占有者となる。

〈占有訴権付占有の効力〉
　　占有が妨害、侵奪された場合の、法務官的特示命令による保護
③　自然的占有
　　市民的占有に該当せず、また占有の保護も受けない占有（したがって、市民法上も法務官法上も占有の効力を持たない）状況は、自然的占有と呼ばれる。普通法においては、所持 Detention（Innehabung）という表現が用いられた。例えば、賃借人、受寄者、使用貸借借主は、単なる所持者である。

(4) 所有権と役権・用益権
　　法的平面に基づいて、所有権と役権・用益権という区別が存在する。

所有権	と	役権・用益権
（物に対する完全な支配権）		（他人の物に対する物権としての利用権、これは制限物権の1つである）

　　この区別に対応して、事実的平面に基づき、以下の2つの概念が区別される。

占有（*possessio*）	と	準占有（*quasi-possessio*）
完全な物支配権の事実的行使		役権・用益権の事実的行使
この占有は法務官的特示命令によって保護される（保護される者		役権・用益権を事実上行使する者も、特別な特示命令によって保護される（ここで

が所有者か否かという問題は審理の対象とならない)。 | も、行使する者が当該権利の担い手か否かという問題は、審理の対象とならない)。
　この特示命令によって保護される者の地位を、古典期法学者は**準占有**と表現した。ときに**権利の占有**（*possessio iuris*）という表現も見られる。

以上の区別が元となって、普通法は以下の2つの概念を形成した。

物の占有（Sachbesitz）	権利の占有（Rechtsbesitz）
有体物に対する占有	権利（＝無体物）に対する占有 　つまり、継続的な行使をその内容とする権利を事実上行使する場合をいう。例えば、賃借権を事実上行使する者は、権利の占有者である。権利の占有者もまた、占有の保護を受ける。

　権利の占有という形態を媒介として、オーストリア法は、例えば賃借人に——ローマ法とは異なり——占有の保護を与えることに成功した。賃貸借において、賃貸人は間接的な物の占有者であり、賃借人は物の所持者にすぎないものの、しかしまさに賃借人は権利の占有者なのである〔『債権法講義』244頁参照〕。

(5) まとめ

1) ある者が物を支配する場合に、それが自己自身のためなのか、他人のためなのかに従って、我々は以下の区別をする。

自主占有　——　他主占有

　この区別は、占有の保護において重要となる。自主占有者はすべて占有の保護を受けるが、他主占有者は、4種類の例外を別にすれば、占有の保護を受けない、単なる**所持者**である。

2) 占有を取得する際の、**占有の性質を決める特徴**に従い、我々は以下の区別をする。

① 正当原因に基づく占有　――　　　権原なき占有
　　　（権原ある占有）
　この区別は引渡および使用取得による所有権の取得において重要となり、これに対して占有の保護においては意味を持たない。
　　② 善意占有　　　　――　　　　悪意占有
　この区別も、取得時効において重要となるが、これに対して占有保護においては意味を持たない。
　　③ 瑕疵なき占有　　――　　　瑕疵ある占有
　　　　　　　　　　　　　　　（暴力、隠秘、許容による占有）
　この区別は、占有保護においてその役割を果たす。

3）**効力**および**法律効果**の面から、ローマの法学者は占有を以下の3つに区別する。

市民的占有	占有訴権付占有	自然的占有
市民的占有は、引渡および使用取得（取得時効）による所有権取得のための要件となる。	占有訴権付占有は、妨害および侵奪ある場合に、法務官が特示命令によってこれを保護する。	単なる所持

4）概念的区別
　　① 　　占有　　　――　　　　準占有
　完全な物支配権の事実上の行使 ｜ 役権または用益権の事実上の行使
　　② 物の占有　　　――　　　権利の占有
　有体物に対する占有で、　　　｜権利（無体物）に対する占有で、
　　・**体素**および　　　　　　　　・**事実上の行使**
　　・**心素**　　　　　　　　　　　・**心素**
　に基づく占有である。　　　　　｜に基づく占有である。

5）最後に、**行使**の態様によって、以下の区別をすることができる。
　　　　　　直接占有　　　――　　　　間接占有
　　　　　　　　　　　　　　（中間者、例えば奴隷・所持者による行使）

第 5 節　占有の取得

(1) 占有の取得における原則

占有は、原則として、体素および心素によって（*corpore et animo*）取得される。

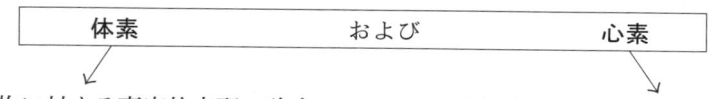

物に対する事実的支配の確立
取得者が、物が自己のものであることを外見上認識させ得る行為を行うこと。

取得者による占有意思の開始

占有の承継取得	占有の原始取得
承継取得の場合、占有の取得は前占有者の意思に基づいている。 ・物の引渡	原始取得の場合、占有の取得は取得者の一存において行われる。その際、 ・前占有者の意思に反して、または前占有者の意思がない状態で行われる。 ・さらに占有者のいない物に対して行われる。

要件としての、物を自己のものとする物理的行為は、承継取得と比べると原始取得の方がより厳格に求められる。

占有の取得に際しての体素と心素の関わり方により、承継取得は以下の3つに分けられる。

承継取得の様々な事例

体素と心素による取得

| 手から手への引渡：前占有者は引渡という行為をして、取得者は物理的に物を掴む。 | 体素によりという要件が、緩和される場合。例えば、以下の場合にも占有が取得される。
・物を取得者の家に置いた場合（「支配領域への到達」）。
・引渡人と取得者が物を前にして合意した場合（「物を前にしての合意」）。
・明け渡した土地を、近くの塔から取得者にそれと示した場合。
・引渡人が動産を取得者の前に置いた場合（「長手の引渡 traditio longa manu」）。
・倉庫の鍵が交付された場合（「支配道具の引渡」）。
（以上の場合においては、取得者は物を掴んではいないが、しかし物に対する排他的な支配を獲得したからである。） | 心素のみによる（*solo animo*）占有の取得

ここでは外的に認識し得る、自己のものとする取得者の行為はない。物の移動が行われない場合である。
これには2つの法形態が存在する。
・簡易の引渡（短手の引渡）
・占有改定 |

(2) 簡易の引渡 TRADITIO BREVI MANU

　簡易の引渡とは、これまで物を所持していた者が、これまで（間接的に）占有していた者との物権的合意によって、占有を取得する場合をいう。合意の内容は、一方で従前の占有者が意思を放棄することであり、他方で従前の所持者が自主占有意思を持つことである。この合意により、すでに存在する体素に、あらたに心素が加わることになる。

第 2 章 占 有 23

【例題】
　プーブリウスはコインのコレクションをアウルスに預けた。2人は10月18日に通りで出会い、そこでプーブリウスはアウルスに「今ちょうど金に困っていてそのコレクションを売らなければならないんだ。ついては買う気はないか」と尋ねた。アウルスはその申出を承諾して、頭金を支払い、そしてプーブリウスは「今からコレクションは君のものだ」と言った。
　次の＿＿＿＿に、適切な語を記入しなさい。

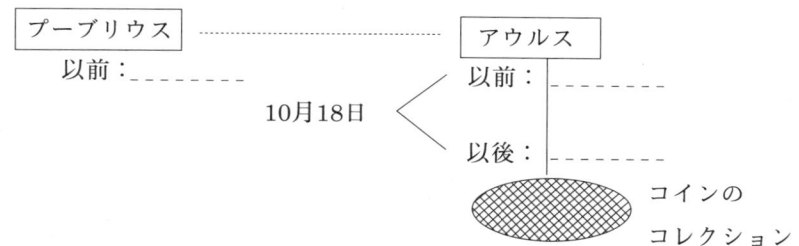

(3) 占有改定 CONSTITUTUM POSSESSORIUM
　この法形態は、簡易の引渡をいわば左右逆にしたものである。占有改定とは、これまで直接に占有していた者が、以後は自己のためにではなく取得者のために物を支配する旨、取得者と合意する場合をいう。この合意によって、従前の占有者は所持者となり、取得者は（間接）占有者となる。

【例題】
　アウルスは9月18日、売りに出されているプーブリウスの家（プーブリウスはなおそこに住んでいる）を見に行った。金額で折り合わなかったので、2人はもう一度交渉のため、10月18日にローマで会うことにした。当日売買が成立した。やりとりの中で、アウルスは自分では家を必要としているわけではなく、人に貸したいことが分かった。プーブリウスは、売りたくて売ったわけではなく、ただ経済的に困っているので仕方なく売っただけなので、月200セステルティウスの家賃でアウルスから借り、引き続きそこに住むことになった。
　次の＿＿＿＿に、適切な語を記入しなさい。

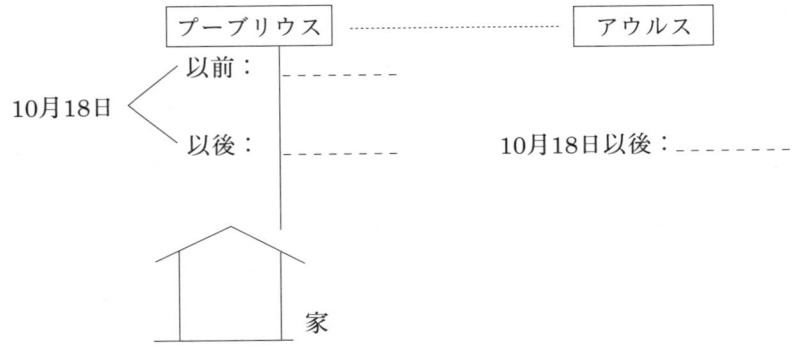

(4) 代理人による占有の取得

すでに述べたように、人は中間者を介して占有し、そして占有を保持することが可能である。これに対して、占有（および所有権）を中間者（代理人）を介して取得することも可能かどうかとなると、これはそう簡単な問題ではない。この問題に関しては、まず第一に以下の区別をする必要がある。

権力服従者による 占有の取得	権力に服していない「代理人」に よる占有の取得
権力服従者は、以下の場合に、その権力者のために占有（および所有権）を取得する。 ・命令 iussum に基づく場合 ・特有財産の枠内である場合 権力服従者の取得により、権力者は直接に占有（および所有権）を取得する。 私見によれば、この制度は代理の観念に基づくものではない。その基礎にあるのは、一方で権力服従者に財産能力が欠けているということであり、他	ローマ法には直接代理という制度がないので、占有および所有権の取得に関しても、以下の命題が妥当した。 パウルス『断案録』5巻2章2節 我々の権力に服してはいない自由人を介して、我々が何かを取得することはできない。Paul. Sent.5, 2,2: *Per liberas personas, quae in potestate nostra non sunt, adquiri nobis nihil potest.* 権力に服してはいない代理人は、まずは自分のために占有および所有

方では権力服従者は権力者の機関（いわば権力者の「手の延長」）と考えられたことである。比較的古い教科書には「必然的代理（notwendige Stellvertretung）」という言葉が使われている。

権を取得することしかできない。その後「代理人」が然るべき行為をしてはじめて、占有および所有権の「本人」への移転が可能となる（いわゆる間接代理）。

　占有および所有権の取得において直接代理を認めようとする展開の出発点となったのが、以下のケースである。
　①　**占有改定**：法学者ケルススによるこの法形体の構成によれば、従前の占有者が占有を放棄し、取得者のための占有をあらたに発生させたことになる。
　②　後見人　　　　　　　　被後見人
　　　保佐人　　　による　被保佐人　　　　のための占有取得
　　　財産管理人　　　　　　財産を管理される者

ユ帝法においては、権力に服してはいない者による占有取得が一般的に認められた。

第6節　占有の継続

　とりわけ占有の取得においては、占有の2つの要素、体素と心素の存在が明白でなければならない。つまり、自分のものとする行為の形で体素が、占有意思の発動によって心素が明らかとなる必要がある。これに対して、一度取得した占有を引き続き維持することに関しては、体素と心素はそれほど厳格には要求されない。体素について言えば、物を手に持っていなくても、また家を留守にしたとしても、もちろん占有は継続したままである。心素についても、占有の継続にとって常に意識して占有意思を働かせる必要はない。

　占有は、原則として両要素の中の1つまたは両方がなくなるまで継続する。
　ローマの法学者は、――占有者に占有と結びついた利益（占有保護、取得時効の可能性）を享受させるため――できる限り長く占有の継続を認めようと努力した。こうした事情から、物理的な接触関係が途切れたにもかかわらず、占有の継

続が認められる諸事例が展開された (「心素のみによる solo animo」占有の維持)。

- 冬季期間中でも、夏場の放牧場の占有は維持され、夏季期間中でも、冬場の放牧場の占有は維持される。その後、一時的にその場を離れて営農をしなくても占有は終了しないという原則は、すべての土地に拡張して適用された。
- 逃亡奴隷 servus fugitivus (およびその奴隷が持ち出した物) の占有は、継続したままとなる。
- 間接的に占有が開始された物の占有は、中間者が死亡し、退去し、精神障害者となったとしても、維持される。
- 誰かが他人の土地に秘かに侵入しても、それまでの占有者の占有はなお終了しない。侵入を知った後で侵入者の追い出しに失敗した、あるいは追い出すことをしない場合にはじめて、占有が終了する。

ユ帝法においては、一方で占有がすでに幾分か権利として把握され、他方で意思の要素が強調されることとなった。この結果、占有は一般に心素のみによって維持することが可能とされた。これは、結果として、いわゆるシンメトリーの原理と一致する。この原理によれば、占有は同じようにして、すなわち体素と心素によって取得され、体素と心素によって失われることになるからである (反対行為 actus contrarius の理論)。

第7節　占有の喪失

占有は、体素と心素という2つの要素から成り立っているので、原則としてこれら2つの要素の中の1つでも欠けると、それだけで占有の喪失となる。占有の喪失について、占有の取得におけるそれとの反対行為を要件とするシンメトリー原理は、古典期にはまだ確立した理論ではなかった。しかし、すでに述べたように、体素が欠けても占有の継続を認めようとする傾向が多数の事例において展開されていった。

占有の喪失が生じる場合を分類すれば、以下の通りとなる。

体素と心素によって	心素のみによって	体素のみによって
例）他人への占有の移転 意図的な物の投棄	（考えることは可能であるが、実際上ほとんど意味を持たない。）	例）他人の強奪、窃盗による物の喪失

　　　意思に基づく占有の喪失　　　　　　　意思に基づかない占有の喪失

「何人も自ら自己の占有原因を変更することはできない」"NEMO SIBI IPSE CAUSAM POSSESSIONIS MUTARE POTEST"」

　この原則は、共和政後期の法学者達によって一般的な形で定立されている。すなわち、「何人も自分の判断で自己の占有の原因を設定し、これにより市民的占有者となることはできない」。

　そもそもこの原則は、相続人としての使用取得を念頭において立てられたものであった。相続人としての使用取得は、休止相続財産について善意ではない者にも使用取得の可能性を与えて相続人としての地位を時効により取得させようとする制度であった。この制度との関連においてこの原則は展開されたのである。つまり、ある者が物を預かり、賃借し、または使用貸借により借りていた（したがって所持者である）ところ、その所有者が死亡した場合に、その者は、単に自分の判断でその物について「相続人として」という権原を自分に設定し、これによってこれまでの所持を取得時効の要件となる占有に変えて、時効取得することはできない、というものである。

　簡易の引渡、占有改定にこの原則は適用されない。なぜなら、ここでは権原が独断ではなくて了解に基づいて設けられたからである。

　古法学者達（veteres）によって一般化されたこの原則は、後の時代になお影響を与えた。すなわち、所持者は単なる一方的な意思の変更（例えば、受寄者が受寄物をもう返還しないと決心する）だけでは占有者となることができないという命題が立てられることになったのである。占有を取得するためには、自分のものとする行為（例えば、受寄物を隠匿する）が要求される。この意味において冒頭の原則はなお§319 ABGBにも見て取ることができる。

ローマ法における相続財産の取得（著者の追加教材から）

相続財産の取得に関しては以下の2つを区別しなければならない。

帰属 Delation ＝相続人としての資格の帰属 Berufung zum Erben：これにより資格者は遺産を相続する権利を取得する。

取得 Akquisition ＝遺産の取得：これにより相続人は包括承継人として、被相続人の、相続の対象となるすべての権利を獲得する（そして、被相続人の債務についても責めを負う）。

自権相続人 *sui heredes* は**法律上当然に**被相続人の死亡により遺産を取得し、承継行為を必要としない。帰属と取得が時間的に同時に発生する。

しかし法務官は申出に基づいて相続拒否の利益 *beneficium abstinendi* を付与する（これによりとりわけ遺産債務の責任を免れた）。

ただし、未だ遺産に手をつけて（*immiscere se hereditati*）いないことが前提条件となる。

家外相続人 *extranei heredes* は**相続財産の承継**（*aditio hereditatis*）により初めて遺産を取得する。

---|---|---

　帰属　休止相続財産　承継
　　　hereditas iacens

相続財産の承継の態様

・決定 *cretio*（要式の意思表示）
・相続人としての行為 *pro herede gestio*（形式不要の承継）

【訳注】自権相続人とは被相続人の死亡によりその権力から自由になる者（例えば家子）をいい、これに、遺言で自由と共に相続人に指定された奴隷（直ちに相続人となり相続拒否の利益を有しない）を合わせて家内相続人と呼ぶ。それ以外の相続人が家外相続人であり、休止相続財産とは、この場合の相続開始から相続承継までの間の相続財産をいう。

【訳注】相続人としての使用取得とは、相続人としての資格の有無を問うことなく、休止相続財産について占有を取得した者のための使用取得である。元来は、家の祭祀の継続と相続債権者の保護のため、速やかに相続人を確定させるための制度であった（1年間の占有、善意・正当原因の要件不要）。しかし、ガーイウスはこれを「不正な使用取得」と呼び、ハドリアーヌス帝は取り消し得るものとした（Gai.2.55-57）。

第8節　占有訴権と本権の訴え

(1) 占有訴権による手続

　占有訴権の目的は、妨害および侵奪から占有者を保護することにある。ローマ法においては、そのための特別の手続、いわゆる特示命令手続が設けられていった。

　例）不動産占有保持の特示命令 *interdictum uti possidetis*
　　　動産占有保持の特示命令 *interdictum utrubi*
　　　不動産占有回復の特示命令 *interdictum unde vi*
　　　武力による場合の不動産占有回復の特示命令 *interdictum de vi armata*
　　　容仮占有に関する特示命令 *interdictum de precario*
　　　暴力または隠秘による場合の特示命令 *interdictum quod vi aut clam*

　占有訴権による手続においては、占有秩序の——しばしば暫定的なものにすぎない——維持が問題であり、瑕疵なき占有者を、法的平和維持の観点から、その占有の妨害から保護するものである。物に対する権利（占有すべき権利）は、この手続においては審理の対象とならず、考慮されない。

　したがって、真の所有者であっても占有訴権で占有者に負けるということが起こり得る。例えば、所有者が秘かにまたは暴力によって瑕疵なき占有者から物を奪った場合、つまり違法な自力行使がその例である。この場合所有者は従前の占有者の占有を妨害したのであり、占有訴権では敗訴することになる。もし所有者が物を取得しようとするならば、占有訴権に引き続いて、本権の訴えを起こさなければならない。

　ローマ法において占有保護の特示命令は、以下の2つの作用を持っていた。

　① 法的平和維持および違法な自力行使の禁止という観点からの平穏な占有の保護
　② 当事者の立場を適切に割り当てることによる、所有権訴訟の準備

　さしあたり保護された占有者は、これによって次の本権の訴えにおいて被告

という訴訟上有利な立場を得ることになるからである。

(2) 本権の訴えによる手続
　本権の訴えにおいては、占有それ自体ではなくて占有すべき権利が問題とされる。ここでは、物に対する権利、またはより良い法的地位が争われる。
　本権の訴えおよび権利救済手段の例としては、以下のものがある。
　　　　所有物取戻訴権 *rei vindicatio*
　　　　プーブリキウス訴権 *actio Publiciana*
　　　　正当所有権の抗弁 *exceptio iusti dominii*

第9節　占有の保護

　占有の保護は、法務官の特示命令によって付与される。特示命令は、占有の保護だけではなく、ローマ法制度の他の局面においても見られるものである。特示命令とは、命令または禁止の形を取る法務官の指令である。特示命令の種類を分類すれば、以下の通りである。
　まず、法務官の用いる文言にしたがって、以下の3つに分けることができる。

禁止的特示命令 interdicta *prohibitoria*	返還的特示命令 interdicta *restitutoria*	提示的特示命令 interdicta *exhibitoria*
この場合法務官は禁止命令を発する。例えば、暴力をさらに行使することの禁止、すなわち、「暴力が行使されることを余は禁止する」。"VIM FIERI VETO"	法務官は物を原告に返還するよう命じる。「汝、返還すべし」。"RESTITUAS"	法務官は物の提示を命じる。「汝、提示すべし」。"EXHIBEAS"

次に、誰に向けられた指令なのかに従って、以下の2つに区別される。

一面的特示命令 *interdicta simplicia*	双面的特示命令 *interdicta duplicia*
指令は原告の相手方当事者にのみ向けられる。	指令は、当事者双方に向けられる。したがって双面的特示命令手続においては、原告が有責判決を受けることもある。

以上2種類の分類は、特示命令一般に当てはまるのに対して、次の分類は、特に占有との関連において意味を持つ区別である。

占有保持の特示命令 *interdicta retinendae possessionis*	占有回復の特示命令 *interdicta recuperandae possessionis*	占有取得の特示命令 *interdicta adipiscendae possessionis*
目的は妨害された占有の保持にある。	目的は侵奪された占有の回復にある。	目的は占有をあらたに取得することにある。

特示命令中、これら2つのタイプだけが、占有の保護を目的としている。

例）不動産占有保持の特示命令
動産占有保持の特示命令
【注意】
　上記2つは、さらに占有回復作用も果たす。

例）不動産占有回復の特示命令
武力による場合の不動産占有回復の特示命令
容仮占有に関する特示命令

この特示命令は、占有の保護と関係するものではなく、占有を取得させるためのものである。
例）質権におけるサルウィウスの特示命令（非占有質権を持つ質権者がこれにより質物の占有を取得しようとする場合。）

不動産占有保持の特示命令	動産占有保持の特示命令
汝らが当該建物を占有しており、しかもそれが相手方との関係において暴力、隠秘、容仮によるものではないならば、汝らがそのように占有することを妨害するためになお暴力が行使されることを、余は禁止する。	汝ら双方の中の一方のもとに当該奴隷が過去一年の間より長い期間おり、しかもそれが相手方との関係において暴力、隠秘、容仮によるものではないならば、その者が奴隷を連れ去ることを妨害するためになお暴力が行使されることを、余は禁止する。

したがって、これらの特示命令は以下の占有者に対する暴力の行使を禁止した。

最後の瑕疵なき占有者	より長期間の瑕疵なき占有者 （過去一年の間とは、特示命令を発したときを基準とする。）

以上のことは、次の結果を導く。

- 特示命令発令時に物を占有している者が、最後またはより長期間の瑕疵なき占有者である場合には、相手方はもはや占有を妨害し、または奪ってはならないことになる。
- 特示命令発布時に物を占有している者が、最後またはより長期間の瑕疵なき占有者ではなくて、相手方である場合には、保護を認められた当事者が再び物を占有することに対して、相手方は抵抗することができないことになる（これらの告示の**占有回復作用**）。つまりそれは適法な自力行使を意味する。

期間の通算（accessio temporis）
瑕疵なき占有者には、前占有者（売主、贈与者、被相続人）の占有期間も加算される。

「暴力、隠秘、容仮によるものではないならば」という言葉（瑕疵ある占有の抗弁 exceptio vitiosae possessionis）が示しているように、瑕疵ある占有者は

保護されない。というのは、瑕疵ある占有者は（とりわけ暴力、隠秘により占有する場合）、違法な自力救済を行ったからである。瑕疵の有無はその都度の特示命令の相手方との関係でのみ（一方が他方との関係において alter ab altero）判断されることに注意せよ。

【注意】ユ帝法においては、動産占有保持の特示命令が不動産占有保持の特示命令と同じように構成されて、その結果２つの特示命令においては、ともに、

| 最後の瑕疵なき占有者が、 | 最後の瑕疵なき占有者が、 |

保護されることになった。

| （暴力による場合の）不動産占有回復の特示命令 | 武力による場合の不動産占有回復の特示命令 |

以上の特示命令は、それぞれ以下の事情で土地から追い出された場合に適用される。

| 暴力による追い出し | 武装集団による追い出し |

そして、これらの場合に、追い出された者に土地が返還されるよう命令が発せられる。これら２つは、共に、返還的および一面的特示命令であり、また占有回復の特示命令として、最初から、失われた占有の回復を目的とする。

不動産占有回復の特示命令には以下の２つのものが含まれている。	これに対して武力による場合の特示命令には、左記の２つが含まれていない。
・瑕疵ある占有の抗弁 　したがって瑕疵ある占有者(例えばそれ以前に自らが暴力によって相手方を追い出した者)は保護されない。	・瑕疵ある占有の抗弁はないので、瑕疵ある占有者も保護される。
・１年の期限付き 　（１年以内の抗弁 *exceptio anni*）	・期限は付けられていない。

容仮占有 と 容仮占有に関する特示命令

　容仮占有とは、拘束力のない、いつでも自由に撤回し得る、懇願に基づく貸借関係である。この点において、債権法で詳細に扱う予定の使用貸借とは区別を要する〔『債権法講義』181頁参照〕。

容仮占有 *precarium*	使用貸借 *commodatum*
・拘束力のない、懇願に基づく貸借である（契約ではない）。	・拘束力を持つ契約である。
・占有許容者（懇願により与える者 *precario dans*）は容仮占有者（懇願により受け取る者 *precario accipiens*）に対していつでも目的物の返還を請求することができる（法的保護：容仮占有に関する特示命令）。	・使用貸借の貸主は、約定の貸与期間終了後、または約定の使用目的終了後に初めて、目的物の返還を請求することができるにすぎない（訴権：使用貸借直接訴権）。
・容仮占有者は**第三者を相手方として占有保護を受ける、占有訴権付占有者**である。ただし、占有許容者を相手方としては保護されない。容仮占有者は許容者との関係では瑕疵ある占有者だからである。	・使用貸借の借主は単なる所持者にすぎず、占有保護をそもそも受けない。

　容仮占有に関する特示命令は、容仮占有者が撤回にもかかわらず目的物を返還しない場合に、占有許容者が容仮占有者に対抗するための手段である。

第3章　所有権

第1節　所有権概念の歴史的展開

(1) 全般的な支配権から物に対する所有権への展開

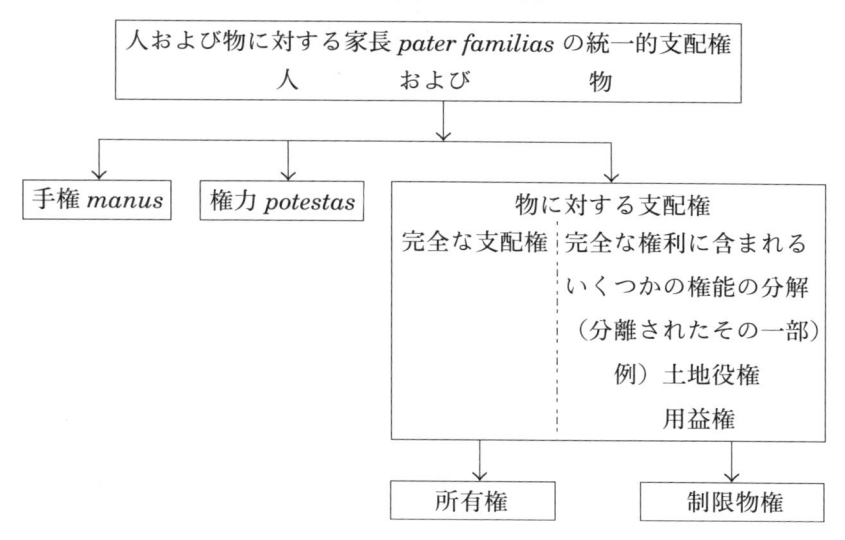

```
┌─────────────────────────────────────────┐
│ 人および物に対する家長 pater familias の統一的支配権 │
│    人      および      物                │
└─────────────────────────────────────────┘
      ↓         ↓              ↓
  ┌────────┐ ┌──────────┐ ┌─────────────────────────┐
  │手権manus│ │権力potestas│ │           物に対する支配権        │
  └────────┘ └──────────┘ │ 完全な支配権 │ 完全な権利に含まれる │
                          │             │ いくつかの権能の分解 │
                          │             │ （分離されたその一部） │
                          │             │ 例）土地役権         │
                          │             │     用益権           │
                          └─────────────────────────┘
                                ↓                ↓
                          ┌────────┐      ┌────────┐
                          │ 所有権 │      │ 制限物権 │
                          └────────┘      └────────┘
```

(2) 相対的所有権と絶対的所有権

　所有権の展開の歴史において、さらに以下の2つの段階を区別することができる。

相対的所有権	絶対的所有権
相対的所有権とは、訴訟ごとに当事者の中の一方の他方に対するより良い地位が存在するにすぎないとの	絶対的所有権とは、何人を相手方としても法的に保護される支配権が存在するとの観念をその基礎とする、

観念をその基礎とする、所有権のあり方である。

訴訟（神聖賭金式対物法律訴訟）においては、原告と被告の双方が所有権の主張を行う。すなわち、当事者のいずれが目的物に対してより良い地位にあるのかがここでは問われる。

所有権訴訟においてAがBに勝訴したからといっても、その後の所有権訴訟においてAがCに敗訴しない保証はどこにもない。

所有権のあり方である。

訴訟（方式書訴訟手続としての所有物取戻訴権）においては、所有権の主張だけが、しかも原告によってのみ行われる。原告が所有者かどうかが問われる。

第2節　所有権の種類と分類

(1) 権利の主体または客体による分類

市民法上のローマ人の所有権（市民法上の所有権）	属州地に対する所有権類似の利用権（使用し収益し持ち占有すること）	外人の「所有権」

主体：ローマ市民
客体：動産、イタリアの土地
保護：所有物取戻訴権
　　　「古ローマ市民法上私のものである *"meum esse ex iure Quiritium"*」との訴え

主体：ローマ市民および外人
客体：属州の土地

保護：模倣された訴権

(2) 権利の基礎による分類

| 市民法上の所有権 | 法務官法上の所有権 |

合法所有権 *dominium legitimum*　　　法務官法上の所有権
古ローマ市民法上の所有権 *domi-*　　名誉法上の所有権
nium ex iure Quiritium
市民法に基づく所有権

　　　　　　　　　　　　　　　　　法務官法上の所有権は、何人（市民法上の所有者でさえそこに含まれる）を相手方としても保護される、物に対する法的地位である。

【設例】　手中物の引渡

　Vはイタリアの土地の市民法上の所有者である。Vはこの土地をKに売却した。土地はKに引き渡されたが（無方式の引渡）、握取行為は行われなかった。

　譲渡人Vは、依然として市民法上の所有者である。なぜなら、要式行為としての握取行為を行わない限り、手中物に対する市民法上の所有権は移転しないからである。しかし、形式を要件とする伝統にもはやそれほど重きをおかない法務官は、取得者Kに、訴訟が提起された場合に第三者のみならず市民法の所有者を相手方としても勝訴し得る地位を承認した。すなわち、Kは法務官法上の所有者である。

市民法上の所有権と法務官法上のそれとが同一人に帰したとき、ガーイウスはこれを「完全な所有権 *dominium pleno iure*」と呼んでいる。上述の設例では、2年が経過するとKはこの地位を取得する。というのは、Kは使用取得 *usucapio* によって土地に対する市民法上の所有権をも取得するからである。

(3) 所有権の、客体に対する権利主体の数による区別

単独所有	共　　有	
	持分的共有	合　有
1つの物を1人の者が所有する。	同一物を複数の者が共同で所有する。その態様として、以下の2つがある。	
	各々が観念的持分（例えば1/5, 2/3）を自由に処分することができる。	各共有者は、自由に処分することのできる持分を持たない。
	以下の場合にこの構成がとられる。 ・新しい相続人共同体 ・古典期およびABGBにおける共有の通常の形態。*condominium, communio pro indiviso*	以下の場合にこの構成がとられる。 ・古い相続人共同体（*societas ercto non cito, consortium*） ここでは、各自が物全部を有効に処分することができる。

【設例】
- Aはある土地の所有者である。　→　単独所有
- Aはある土地の1/3、Bは1/6 Cは1/2の持分の共有者である。
　　　　　　　　　→　持分的共有（観念的持分による共有）
- 土地は区分されて分割された。Aは右、Bは中央、Cは左の区分地の所有者となる。　→　現物分割により各区分地について単独所有権が発生する。
- Aは土地の所有者、Bは建物の1階の、Cは2階の所有者である。
　　　　　　　　　→　階層所有（現物持分による共有）

【注意】この構成は、原則として、ローマ法には存在しない（「地上物は土地に従う *superficies solo cedit*」）。

第3節　所有権の性質

所有権は、物に対する包括的な、原則無制限の、何人を相手方としても（*erga omnes*）保護される支配権である。

- **総合性**：所有権は完全な物支配権を付与する。
  - 物の利用、物の毀棄さえも ⎫
  - 物の処分、例えば譲渡、質入れ ⎬ 積極的側面
  - 他人の排除　　　　　　　　　　　　　消極的側面

  この総合性という点において、所有権は制限物権と異なる。制限物権は、物支配の限られた一部を媒介するにすぎない（例えば役権は物を一定の目的で利用する権利を与えるだけである）。
- **弾力性**：所有権が（例えば他人の制限物権によって）制約を受けていたとしても、この制約が（例えば役権の消滅により）なくなれば、所有権は再び膨らんで完全な権利となる。
- **絶対的権利**：所有権は何人を相手方としても保護される権利である。
- **法的な物支配**：この点で所有権は占有と区別される。占有は事実上の物支配にすぎないからである。
- **義務を嫌う性質**：この原則は、所有権は基本的に義務を伴わない権利であることを述べている。義務を嫌うというこの原則は、ローマ法において全面的に実現されたわけではない（納税義務、公道 *viae publicae* 沿いの土地所有者に課せられる道路保全義務）。近代法においては、所有権の社会的義務の原理が妥当する（「所有権は義務を負う」）。
- **無制限性**：所有権は、その概念構成上、無制限の物支配を保証する権利である。制限は、所有権の本質から導かれるのではなくて、その外から来るものである。

所有権に対する制限は、それぞれ以下の基準ごとに、次のように分類することができる。

・法的根拠による分類

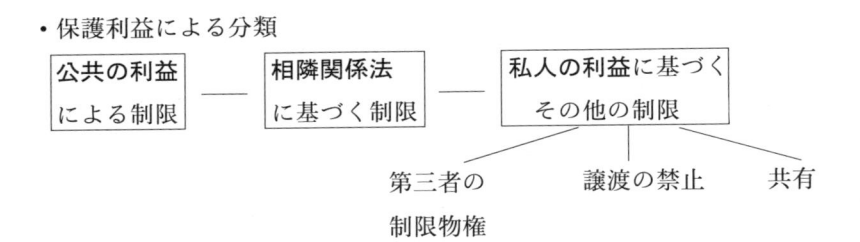

　　公法上の制限　　——　　私法上の制限

・保護利益による分類

　　公共の利益　——　相隣関係法　——　私人の利益に基づく
　　による制限　　　　に基づく制限　　　その他の制限
　　　　　　　　　　　　　　　　　　　　／　　　｜　　　＼
　　　　　　　　　　　　　　　　　　第三者の　　譲渡の禁止　　共有
　　　　　　　　　　　　　　　　　　制限物権

第4節　公共の利益による所有権の制限（概観）

公共の利益において、所有権は以下の事柄による制限に服す。

- 奢侈禁止法
- 戸口調査官による風紀の監督
- 奴隷虐待を禁じた皇帝立法
- 公衆衛生上の義務　　例）市内での埋葬の禁止
- 防火上の義務　　　　例）建築物付近での火葬の禁止
- 建築監督上の義務　　例）隣地の建物との間に少なくともある一定の間隔を
　　　　　　　　　　　　　　おくこと、皇帝ゼノの建築に関する命令
- 刑罰としての制限：犯行道具 *instrumenta sceleris* の没収、密輸品の押収、
　　　　　　　　　　財産没収
- 公共の建築計画のための明渡義務、土地収用

第5節　相隣関係法

(1) 突　出

　Aの土地から枝や根がBの土地へ突き出たとき、BはAに対してその除去を請求し、もしAがこれを拒否しまたは怠るときは自ら枝、根を切除することができる（§422 ABGB参照）。

(2) 落　下

Aの土地からBの土地に果実が落下したとき、Aは一日おきにその果実を収取し、この目的でBの土地に入ることが許される。

いずれの場合においても、古くから（十二表法により）許されたこの自力救済は、その後、特示命令によって完全なものとされる。

(3) イミシオーネン

イミシオーネンとは、ある土地から隣地に例えば煙、蒸気、臭気、騒音が侵入することであるが、その侵入がその土地に通常の限度を超えない限りはこれを認容しなければならない。許容限度を超過するイミシオーネン（学説彙纂に見られる事例としてチーズ工場での製造）を防ぐために、本権保護手段としての否認訴権、占有保護手段としての不動産占有保持の特示命令を用いることができる。

(4) 雨水の流出

低地に位置する土地の所有者は、高地に位置する土地の所有者を相手方として、後者が人工的工事 opus manu factum により雨水の自然の流れに変更をもたらしたとき、雨水阻止訴権 actio aquae pluviae arcendae により訴えることができる。

(5) 建物倒壊による危険

Bの土地にある建物が倒壊する恐れのあるために、Aの土地に危険が迫っているとき、AはBに対して問答契約による担保を求めることができる。問答契約によりBは、将来生じることが予期されていた損害を賠償する義務を負う（**未発生損害担保問答契約** cautio damni infecti、§ 343 ABGB 参照）。

担保の提供は間接的に強制される。

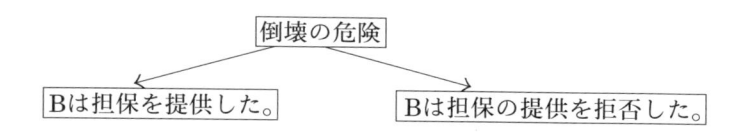

```
             倒壊の危険
            ↙        ↘
  Bは担保を提供した。   Bは担保の提供を拒否した。
```

Aは、法務官によってBの土地の所持を付与される。

（第1回の裁定による占有付与）

missio in possessionem ex primo decreto

| Bは今度は担保を提供した。 | Bはなおも担保の提供を拒否する。 |

Aは法務官からBの土地の法務官法上の所有権を取得する。

（第2回の裁定による占有付与）

missio in possessionem ex secundo decreto

(6) 不当な建物の建築

土地所有者Aが彼の隣人Bの建物建築によって害を被り、

- それがBが、私法上保護されるAの立場、例えば役権（眺望権、建物の一定の高さまでの制限）を侵害したことによるものであるとき、
- それがBが、建築監督規則に違反してのことであるとき、

AはBを相手方として、まずは建築禁止を通告し（**新築工事の禁止** *operis novi nuntiatio*）、禁止にもかかわらずなお建築が行われるときは、法務官に取り壊し命令（**取り壊しの特示命令** *interdictum demoli-torium*）を申請することができる。

建築禁止は以下の事由により消滅する。

- 期間の経過（1年）
- 法務官による取消
- Bによる担保の提供

建物の建築ないしその禁止が実質的に正当化されるものであるかどうかは、占有訴権である特示命令手続ではなくて、本権の訴えによる手続（例えば否認訴権 *actio negatoria*、認諾訴権 *actio confessoria*）において決定される。

(7) 隣地通行権

公の道路網に通じていない土地に関しては、(民事訴訟ではなく、行政処分により)他人の土地に対する通行権を設定することができた。とりわけ墓碑への通行権(墓碑通行権 *iter ad sepulchrum*)は大きな意味を持った。

(8) 境界争い

二筆の農地の間には、鋤の方向転換のために5歩の幅の土地(**境界地** *confinium*)を空けておかなければならない。この土地は各々半分の割合で2人の隣人の所有となり、境界線を巡る争い(境界争い *controversia de fine*)は測量士 *agrimensores* を召喚して境界画定訴権 *actio finium regundorum* により決定される。判決は――分割訴訟の場合と同じように――形成判決であり、場合によっては価格賠償と引き換えの、裁定付与 *adiudicatio* による所有権の割り当てをすることができる。

以下を区別せよ。

境界の争い *controversia de fine*	土地の争い *controversia de loco*
これは境界地と境界線を巡る争いである。	これは境界地の外にある土地を巡る争いである。
この争いは境界画定訴権によって解決される。	この争いは所有物取戻訴権または占有に関する特示命令によって解決される。

第6節 譲渡の禁止

法的基礎に応じて、譲渡の禁止は以下のように区分される。

法律に基づく譲渡の禁止	政務官または審判人による譲渡の禁止	法律行為に基づく譲渡の禁止
例) ・イタリアの嫁資不動産(嫁資不動産に関する	例) ・浪費者に対する法務官の禁治産宣告 *interdictio*	例) ・遺言による譲渡の禁止 ・奴隷売却における付随

ユーリウス法 *lex Iulia de fundo dotali*） ・未成熟者の財産の一部である土地（セウェールスの演説 *oratio Severi*） ・係争物 *res litigiosae*	的取決としての譲渡の禁止 ・墓および墓の附属設備に関する、碑文による譲渡の禁止

法律効果に従い、以下の2つを区別することができる。

物権法上の効果を有する譲渡の禁止	債権法上の効果を有する譲渡の禁止
禁止に違反して行われた譲渡は、無効である。すなわち、譲受人に所有権は移転しない。	禁止に違反して行われた譲渡は、有効である。すなわち、譲受人に所有権は移転する。しかし譲渡人は、禁止による保護を受けていた者に対して損害賠償義務を負う。

第 7 節　共有

　ある物に対して所有権が複数の者に帰属する場合、これを共有と呼ぶ。共有においては、各々の権利が他の者の権利によって制限を受ける。
　共有の構成形式として以下の2つを区別する必要がある。

共有（持分的共有）	合　有
この場合、各々は観念的持分（例えば1/3）を自由に処分することができる。 　この形態は古典期ローマ法およびABGBにおける共有の通常の形態である。 　　*communio pro indiviso,*	この場合には、各共有者に自由に処分し得る持分はない。 　この形態はドイツ法の形態である。ローマ法においては、以下の場合に見られただけである。 ・古い時代の相続人共同体 　（*societas ercto non cito,*

condominium	*consortium*）
この形態は例えば以下の場合に見られる。 ・新しい時代の相続人共同体 ・組合：組合財産を構成する物は持分に応じた各組合員の共有となる。 ・一定の物権法上の事象において例えば所有者の異なるいくつかの物の混和。	・法律行為によって相続人共同体を模して形成された共同体：兄弟類似の関係をもたらす儀式的結合によって複数の者が財産共同体を設立することが可能であった。これが組合の前段階である。

(1) 処分行為

1) 持分について

各共有者はこれを行うことができる。（例えば、持分の譲渡、持分に物権を設定すること）	不可能である。

2) 全体について（例えば全体の譲渡、物権の設定、奴隷の解放）

共有者全員が協力することによってのみ行うことができる。	古い相続人共同体においては、全員一緒に行う場合のみならず、各個人が単独で行った場合にも、有効となる（共同相続人間の信頼原理）。

(2) 共有物に対する事実的処置（例えば、耕作、家屋の建築）

　古い時代の相続人共同体における法律関係については、独裁体制の不存在について知るのみである。不和が生じた場合にどうしたのかは、不明である。しかし、十二表法以来すでに1つの打開策として、各共同相続人にはいつでも遺産分割訴権（*actio familiae erciscundae*）による共同体の解消という道が開かれていた。

　古典期法における共有に関しては、原則として**全員一致主義**が妥当した。各共有者は禁止権 *ius prohibendi* を持っていた。この場合にも、打開策として、必要とあれば共有物分割訴権（*actio communi dividundo*）の行使が可能であっ

た。ユ帝法においては、ある一定の場合において多数決主義が妥当した（§833 ABGB 参照：通常の管理行為に関する多数決主義）。

(3) 共有関係の終了
共有関係の終了は**分割訴権**によって行われる。
① 遺産分割訴権 *actio familiae erciscundae*：相続財産分割訴権
② 共有物分割訴権 *actio communi dividundo*：一般的な分割訴権
③ 境界画定訴権 *actio finium regundorum*：すでに述べたように、この訴権も分割訴権の1つである。

(4) 分割訴権の目的と作用
1）物権法上の問題
　共有関係の解消と単独所有権の割当（裁定付与 *adiudicatio*：形成判決）
2）債権法上の問題
　共有者間の清算、補償金の支払

【注意】古典期法においては、分割訴権により常に共有関係は解消した。ユ帝法においては、共有関係を維持しながら、例えば清算、望ましくない措置の禁止のために訴権を提起することが可能であった（同じような展開が組合訴権 *actio pro socio* の場合にも観察される！）〔『債権法講義』265頁、306頁参照〕。

第8節　所有権の取得態様の分類

(1) 承継取得と原始取得
取得が前主の権利に依存しているかいないかによって、承継取得と原始取得の2つに区別される。

承継取得	原始取得
取得者の所有権が前主の所有権に由来する場合、それは承継取得である。	前主の権利との依存関係がなく、取得者のもとで新たに権利が発生した場合（その理由として前主が存在し

> 基本原則 「何人も自身が有する以上の権利を他人に移転することはできない」*Nemo plus iuris ad alium transferre potest quam ipse haberet*（D.50.17.54）.

例）握取行為 *mancipatio*
　　法廷譲与 *in iure cessio*
　　引渡 *traditio*
　　物権遺贈

ないということもあれば、それどころか、例えば取得時効の場合のように前主の権利に対抗してということもある）、それは原始取得である。

例）無主物先占 *occupatio*
　　埋蔵物発見
　　附合、混合、融和
　　加工
　　使用取得 *usucapio*

(2) 市民法上の取得と自然法上の取得

市民法 *ius civile* と万民法 *ius gentium* の対立に対応して、以下の区別がある。

> 市民法上の取得
> *acquisitiones civiles*

この取得ができるのは、ローマ市民および通商権 *commercium* を持つ者に限られ、市民法 *ius civile* 上の効果をもたらす。

それは、歴史的により古い、所有権取得の方式である。

例）握取行為
　　法廷譲与
　　物権遺贈
　　使用取得

> 自然法上の取得
> *acquisitiones naturales*

この取得ができるのは、ローマ市民および外国人であり、市民法 *ius civile* のような厳格な形式を知らない、歴史的により新しい万民法 *ius gentium* において発展したものである。

例）引渡 *traditio*（無方式の引渡）
　　無主物先占
　　埋蔵物発見
　　附合、混合、融和
　　果実の取得
　　加工

(3) 有因取得と無因取得

所有権移転（したがって承継取得）の構成にとりわけ関係する区別が、有因取得と無因取得との区別である。

所有権移転が

有　因 であるとは	無　因 であるとは
所有権移転が正当原因 iusta causa（ABGB でいう権原 Titel であり、例えば売買契約がそれに当たる）に従属している場合を言う。	所有権移転が原因 causa から独立している場合を言う。
例）Aは引渡によりBに指輪を譲渡した。	例）Aは握取行為の形式を用いてBにイタリアの土地を所有権譲渡した。

① 有効な売買契約が存在する。所有権はBに移る。
② （何らかの理由で）有効な売買契約は存在しない。

所有権はBに移らない。 　有因の取得には原因が要求される。正当原因とは例えば以下のものである。 ・売買契約 ・贈与（但し夫婦間でのそれは不可） ・交換 ・嫁資の設定 ・消費貸借物の貸与 ・債務の弁済（弁済 solutio）	その場合であっても所有権はBに移る。無因の取得には原因は要求されない（存在することが普通であるが、それは別である）。

以上については、54頁以下の「引渡の正当原因」を見よ。

【注意】握取行為と法廷譲与は無因の行為である。引渡は有因である。このことは、少なくともガーイウスとパウルスの基本的な叙述（後述するところを見よ）から明らかである。

以下の事例において、無因の引渡の兆候が見られる。
　AはBに金銭を引き渡した。Aは贈与のつもりであったが、Bとしては消費貸借としてこれを受領した（原因、すなわち所有権移転に関する物権的合意における意思の不一致）。

第3章 所有権　49

ウルピアーヌス	ユーリアーヌス
Bは所有者とならない。	Bは所有者となる。
（引渡有因主義）	（引渡無因主義）
	無因の引渡の兆候（少なくとも、その後ここから無因主義が導き出された）。

引渡　有因か無因か？（著者の追加教材から）

事例1　私と君は消費貸借について合意し、私は君に100セステルティウスを引き渡した。

事例2　私は君に100セステルティウスを贈与し、引き渡した。君はその贈与をありがたく頂戴した。

事例3　私は君に100セステルティウスを引き渡した。その際私は、それは消費貸借であると思っていたが、君は贈与だと思った。

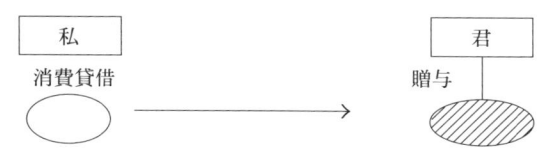

```
[私]                          [君]
消費貸借                       贈与
 ◯     ─────────────→       ⊘
```

事例4　私は君に100セステルティウスを引き渡した。私は贈与のつもりであったが、君は消費貸借として受け取った。

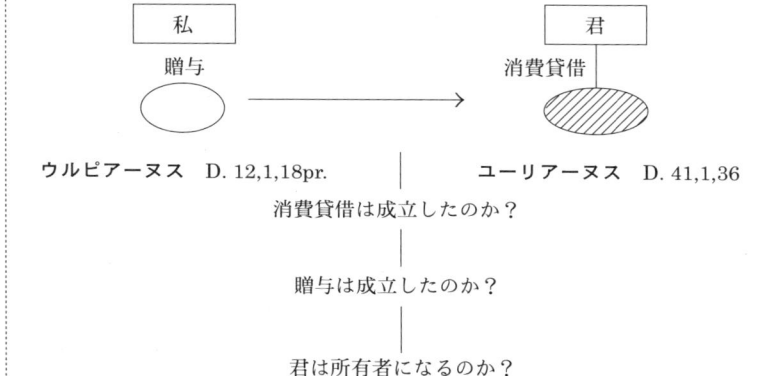

```
[私]                          [君]
贈与                          消費貸借
 ◯     ─────────────→       ⊘
```

ウルピアーヌス　D. 12,1,18pr.　　　　ユーリアーヌス　D. 41,1,36

消費貸借は成立したのか？
｜
贈与は成立したのか？
｜
君は所有者になるのか？

有因の引渡	無因の引渡
（Paul. D. 41,1,31prも参照）	（D. 41,1,9,3 = Inst. 2,1,40も参照）
Gai.Inst. 2,20	
ヨハネス・アペル（16世紀）	サヴィニー（19世紀）
Titulus-Modus理論	無因の物権契約の理論
↓	↓
ABGB	BGBにおける無因主義

学説彙纂第12巻第1章第18法文首項（ウルピーアヌス『討論集』第7巻）
D. 12,1,18pr（Ulpianus libro septimo disputationum）

私が君に贈与の意図で金銭を引き渡し、君はそれを消費貸借の貸付金として受け取った場合について、ユーリアーヌスは、贈与は存在しないが、消費貸借が存在するのかについては、一考を要すると書いている。私の考えでは、消費貸借もまた存在せず、金銭は受領者の所有とはならない。なぜなら、彼はそれを別の考えで受け取ったからである。もし彼がそれを消費したならば、以下のことが妥当する。すなわち、彼は確かにコンディクティオ condictio により責めを負うとはいえ、しかし金銭は交付者の意思に沿って消費されたのであるから、悪意の抗弁 exceptio doli を用いることができるであろう。

学説彙纂第41巻第1章第36法文（ユーリアーヌス『法学大全』第13巻）
D. 41,1,36（Iulianus libro tertio decimo digestorum）

引き渡される目的物に関しては我々の意思が一致し、しかし原因 causae に関しては一致していなかったときに、なぜ引渡 traditio が無効とならなければならないのか、私には分からない。・・・なぜなら、私が君に贈与として金銭を現金で引き渡し、しかし君はそれを消費貸借として受け取った場合でも、所有権は君に移転し、交付と受領の原因 causa について我々が一致するに至らなかったことはその妨げとならないことは、確定しているからである。

学説彙纂第41巻第1章第31法文首項（パウルス『告示注解』第31巻）
D. 41,1,31pr（Paulus libro trigensimo primo ad edictum）

単なる引渡では所有権は移転しない。所有権が移転するのは、それに基づき引渡が行われるところの売買その他の正当原因 iusta causa が存在する場合に限られる。

> ガーイウス『法学提要』第2巻第19-20節
> Gai. Inst. 2, 19-20
> （19）というのは、非手中物 res nec mancipi は、それが有体物であり、したがって引渡になじむものであるならば、引渡自体により完全な権利として他人の所有へと移転されるからである。
> （20）したがって、私が君に衣服、金あるいは銀を売買、贈与を権原として、またはその他の原因に基づき引き渡したときは、その物は、私が所有者である限り、直ちに君の所有となる。
>
> 学説彙纂第41巻第1章第9法文第3項（ガーイウス『日用法書』第2巻）＝『法学提要』第2巻第1章第40節
> D. 41, 1, 9, 3（Gaius libro secundo rerum cottidianarum）＝ Inst. 2, 1, 40
> 引渡 traditio により我々の所有となる物についても、我々はこれを万民法 ius gentium によって取得する。というのは、自己の物を他人に移転しようという所有者の意思を有効と見なすことほど、自然の衡平に適したことはないからである。

第9節　Titulus-Modus 理論

(1) **ローマ法におけるその手がかり**
- 正当原因に基づく引渡 traditio ex iusta causa の原理
学説彙纂第41巻第1章第31法文首項（パウルス『告示注解』第31巻）「単なる引渡では所有権は移転しない。所有権が移転するのは、それに基づき引渡が行われるところの売買その他の正当原因 iusta causa が存在する場合に限られる」。
- 債権契約（例えば売買契約）だけで物の引渡を伴わないとき、それだけでは所有権は移転しない。
勅法彙纂第2巻第3章第20勅法（ディオクレティアーヌスとマキシミアーヌス両皇帝がマルティアリスに）「物の所有権は引渡によってはじめて移転するのであって、単なる契約だけでは移転しない」。

(2) Titulus-Modus 理論

近世において、パンデクテンの現代的慣用 *usus modernus pandectarum* の代表者であるヨハネス・アペル Johannes Apel は、所有権を取得するためには常に2つの前提条件が存在しなければならないという理論を展開した。

① titulus acquirendi 取得権原　　例）売買契約
② modus acquirendi 取得様式　　例）引渡

この理論はまずは承継取得に関して展開されたが、自然法において原始取得にも拡張された。これについては§381 ABGB参照、この条文においては無主物先占 *occupatio* における権原として「生得の自由 angeborene Freiheit」が挙げられている。

ABGBにおけるTitulus-Modus理論につき、以下を参照。

第380条　権原および正当な取得様式がなければ所有権を取得することはできない。

第425条　権原だけではいまだ所有権は付与されない。所有権、そしてそもそもすべての物権は、・・・正当な引渡と受取によってしか取得することができない。

第1053条（売買契約）売買契約により目的物は一定額の金銭を代価として相手方に譲渡される。売買契約は、交換と同様に、所有権取得の権原の1つである。売買目的物が引き渡されてはじめて、取得が生じる。引渡が行われるまでは、所有権はなお売主に留まる。

(3) 所有権移転のそれ以外の構成

サヴィニー Savigny および彼に従った BGB は、無因の引渡を手がかりとして無因の物権的所有権移転契約を展開した。すなわち、動産の所有権は、**物権的合意 Einigung**（所有権移転および取得の意思 *animus dominii transferendi et accipiendi*）と**引渡**により移転する。権原への従属は存在しない。

フランス民法典 Code civil は、これに対して、特定物の給付を目的とする債権においてはすでに債権契約それ自体により（すなわち原因 *causa* ある場合に）所有権が移転する。

第 3 章　所有権

ドイツ民法典BGBとフランス民法典Code Civil（著者の追加教材から）

BGBにおける無因主義

　第 873 条（物権的合意と登記）　土地に対する所有権の移転、負担の設定（中略）のためには、法律に別段の定めがない限り、権利者と他方当事者との権利変更の発生に関する物権的合意、および登記簿への権利変更の登記が必要である。

　第 929 条（物権的合意と引渡）　動産に対する所有権を移転するためには、所有者が物を取得者に引き渡し、所有権の移転すべきことについて両者が合意していることが必要である。

CODE CIVILの方式

　第 1138 条　物の給付を目的とする債務は契約当事者の単なる意思表示によって達成される。この債務は債権者を所有者とし、(以下省略)。

所有権の取得における有因と無因（著者の追加教材から）

オーストリア民法典 ABGB は有因主義に、ドイツ民法典 BGB は無因主義に従う。

所有権の移転は、正当原因がその基礎となっている処分行為によって生じる。	所有権は、無因の処分行為によって移転される。（無因の物権契約） 引渡の意思で必要かつ十分である。

正当原因を欠いていたが（例えば A と B は物について売買契約が存在すると信じていたが、実際には売買契約は存在しなかった）、A は所有権譲渡の意図でこの物を B に譲渡した。

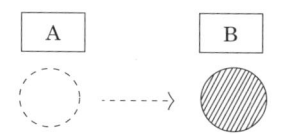

Aは所有者のままである。　　Bは所有権を取得しない。 （原因が欠けている）	にもかかわらずBは所有権を取得する。 （原因を必要としない）
Aは所有者として所有物取戻訴権 *rei vindicatio* によりBに物の返還を請求することができる（物権的請求権）。	しかしこの場合、不当利得の要件がBのもとで存在する。これに基づきAは再譲渡 Rückübereignung を求める債権的請求権を持つ（*condictio*）。

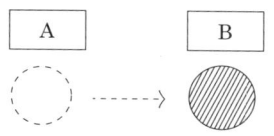

引渡の正当原因 iusta causa traditionis（著者の追加教材から）

(1) Vは3月1日に（Vの所有する）ある器具についてKと売買契約を締結した。
　　3月5日にVはその器具をKに引き渡した。
　　Kは所有者になるか？
　　　は い　　いいえ　　　　　「はい」ならば、いかなる原因によるものか？
　　　□　　　　□

　　同様にKも3月5日にVに売買代金を支払った。
　　Vは所有者になるか？
　　　は い　　いいえ　　　　　「はい」ならば、いかなる原因によるものか？
　　　□　　　　□　　　　　　（この質問は次頁以下を読んでから答えなさい）

(2) Vはある器具の所有者である。3月1日にこれをKに売却し、引き渡した。
　　Kは所有者になるか？
　　　は い　　いいえ　　　　　「はい」ならば、いかなる原因によるものか？
　　　□　　　　□

(3) Vはある器具の所有者である。3月1日にこれをMに賃貸し、引き渡した。
　　Mは所有者になるか？
　　　は い　　いいえ　　　　所有権移転に適する原因があるか？
　　　□　　　　□

(4) Gは10月1日に1万セステルティウスを貸付金としてSに支払った。
　　Sは所有者になるか？
　　　は い　　いいえ　　　　　「はい」ならば、いかなる原因によるものか？
　　　□　　　　□

　　Sは11月1日に1万セステルティウスの消費貸借債務をGに弁済した。
　　Gは所有者になるか？
　　　は い　　いいえ　　　　　「はい」ならば、いかなる原因によるものか？
　　　□　　　　□

(5) Aは金貨の所有者である。これをBに贈与として引き渡した。
　　Bは所有者になるか？
　　　は い　　いいえ　　　　　「はい」ならば、いかなる原因によるものか？
　　　□　　　　□

弁済目的 causa solvendi

　所有権の譲渡が問答契約債務または金銭債務の弁済のために行われるとき、弁済目的が介入する。歴史的には、弁済 *solutio* とは、元来、契約上の（責任の）解放（Haftungs-Lösung）を意味した。そこからこの行為目的の独立性が解き明かされる。

第3章 所有権 55

(6) 10月1日にGとSとの間で以下の問答契約（口頭の儀式的な給付約束）が締結された。
　G 「11月1日に1万セステルティウスを支払うことを君は私に誓約するか？」。
　S 「私は誓約する」。
　Sは11月1日に1万セステルティウスをGに支払った。
　Gは所有者になるか？
　　はい　　いいえ　　　　「はい」ならば、いかなる原因によるものか？
　　□　　　□　　　　　　弁済目的

【注意】ローマの法学者は、所有権取得のための原因 causa としてここでは問答契約（義務設定行為）ではなくて、1万セステルティウスの支払と結びつけられた行為目的、債務の弁済（元来は責任の解放）を引き合いに出す。この原因の独立性は、債務が何ら存在しない場合にもそれが介入するほどに、射程範囲が広い。弁済目的で何かが給付されたという事情は、ローマの観念に従うならば、それ自体として per se 所有権の移転を正当化する。

(7) 10月1日にGとSとの間で以下の問答契約（口頭の儀式的な給付約束）が締結された。
　G 「『海の女王 Regina maris』号が今年の11月1日までにアジアからローマに到着したならば、1万セステルティウスを支払うことを君は私に約束するか？」。
　S 「私は約束する」。
　ここにあるのは条件付き問答契約である。Sの支払義務は当該船舶が適時に到着した場合に限り発生する。

船は10月24日ローマに到着した。	船は11月1日はまだエフェススに停泊中であった。しかし、GとSは船がローマに到着したものと信じた。
その後、SはGに1万セステルティウスを支払った。	
Gは所有者になるか？　いかにして？ 　はい　　いいえ　　　弁済目的 　　□　　　□	Gは所有者になるか？　いかにして？ 　はい　　いいえ　　　弁済目的 　　□　　　□ したがってGは（彼に対する債務ではない）1万セステルティウスの所有者となった。もっとも、これによりGは不当に利得した。Sは非債弁済の不当利得返還請求訴権 condictio indebiti によって1万セステルティウスの返還を請求することができる（結果と

> して、Sは不当に給付されたものを所有物として取り戻すのではなくて、利得の返還を請求し得るだけである）。
>
> これに対して、もしGが彼に対する債務ではないものを知りながら受領した場合には、窃盗 *furtum* を犯したことになり、これにより所有権を取得することはなく、返還とさらには罰金支払の責めを負う。

第10節　承継取得

所有権を承継取得するための行為としては、以下の3つが重要である。

- **握取行為** *mancipatio*　　手中物のための行為
- **法廷譲与** *in iure cessio*　手中物および非手中物のための行為
- **引渡** *traditio*　　　　　　非手中物のための行為

承継取得に関しては、以下の原則が妥当する。

> 何人も自身が有する以上の権利を他人に移転することはできない。
> （*Nemo plus iuris ad alium transferre potest quam ipse haberet*）

すなわち、譲受人が所有権を取得するためには、譲渡人は自身が所有者であるか、または少なくとも処分権を持っていなければならない（例えば保佐人として精神錯乱者の物に対して）。

ローマ法には、無権利者からの（即時の）善意取得（例えば§367 ABGB［日本民法192条］という制度はない。しかしながら、非所有者または処分権を持たない者から取得した人のために、1年ないし2年の取得時効による所有権取得の可能性が開かれていた。

(1) 所有権移転行為の経過

- 握取行為は5人の証人の面前で行われる銅衡行為であり、この行為の中で譲受人は自己の所有権を主張し、そもそもは実際の、その後は単なる

象徴としての売買代金（1 ヌンムスの握取行為 mancipatio nummo uno）を譲渡人に交付した。
   【注意】握取行為は所有権だけではなく、その他の支配権の移転のためにも用いられる。
- 法廷譲与は仮装訴訟であり、神聖賭金式対物法律訴訟を模して行われた。
- 引渡は無方式で行われる引渡（すなわち占有の付与）である。ここでは、占有取得に関わる事例ごとの解釈（例えば家に物を置く場合はどうか、鍵を引き渡した場合はどうか）や、いわゆる引渡の代用（簡易の引渡、占有改定）が問題となる。
   【注意】もちろん引渡は所有権の移転に限られるものではなく、占有ないし所持の単なる移転もまた**引渡の効果**の1つである（下記図表を参照）。

引渡によって以下のものの移転が発生する

市民法上の所有権	法務官法上の所有権	占有	所持
・譲渡人が所有者か少なくとも処分権を持ち、 ・正当原因が存在し、 ・有体物として、 　非手中物が ｜ 手中物が 　　引き渡された場合。 売買ではさらに代金支払または担保の設定が必要である。 **所有権譲渡行為としての引渡**		例えば非所有者が、正当原因に基づく引渡を行った場合。 例えば、物が質または容仮占有として引き渡された場合。	例えば物が賃貸借、使用貸借または寄託のために引き渡された場合。

(2) ガーイウス『法学提要』第1巻第119節（握取行為）

　握取行為 mancipatio は、すでに述べたように、一種の仮装売買である。握取行為はローマ市民に固有の法の1つであり、以下のようにして行われる。

5人以上の成熟ローマ市民が証人として立ち会い、さらに持衡器者 *libripens* と呼ばれる同一資格（成熟ローマ市民）の1人が青銅の衡を持って立ち会う。

譲受人（*mancipio accipiens*）は銅片を手に持って、次のように述べる。

「私は、この奴隷がローマ市民法上私の所有物であり、この銅片とこの青銅の衡によって私に購入されるべきであることをここに宣言する」。

この後、譲受人はこの銅片で青銅の衡を打ち、銅片をいわば売買代金の象徴として譲渡人に渡す。

(3) ガーイウス『法学提要』第2巻第24節（法廷譲与）

法廷譲与 *in iure cessio* は以下のようにして行われる。

ローマ国民の政務官、例えば法務官の面前において、譲受人は物をつかみながら次のように言明する。「私は、この奴隷がローマ市民法上私の所有物であることをここに宣言する」。

譲受人がこのように所有権を主張した（*vindicatio*）後、法務官は譲渡人に、反対の所有権の主張（*contravindicatio*）を行うかどうかを尋ねる。

譲渡人はこれに対して否と答えるかまたは沈黙し、そして法務官は所有権の主張をした者にその物を付与する。

第11節　握取行為の効果

譲渡人Aが方式に従い握取行為によって手中物を譲受人Bに譲渡すると、以下の法律効果が発生する

(1) 物権法上の効果：所有権の移転

① もし譲渡人Aが当該目的物の市民法上の所有者であったならば、今やBは目的物に対する市民法上の所有権を取得する。

　　この効果は原因とは無関係である。すなわち、たとえ正当原因（権原）が存在しない場合であっても、効果が発生する。握取行為は無因行為である。

② もし譲渡人Aが当該目的物の所有者ではなかったならば、Bも所有権を取得しない（何人も自身が有する以上の権利を他人に移転することはできない）。

(2) 譲渡人の担保責任

売買を原因として握取行為が行われた場合には、この行為と結びついて、権利の瑕疵に対する譲渡人の担保責任が発生する。

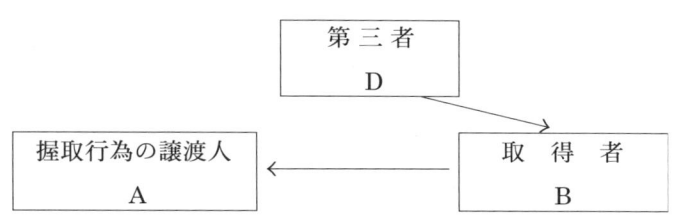

```
                第 三 者
                  D
                        ↘
握取行為の譲渡人  ←――――  取 得 者
      A                    B
```

取得者Bがその後第三者によって目的物を巡る訴訟を起こされたとき（例えば、第三者Dが自分が所有者であると主張し、Bを相手方として所有権訴訟＝所有物取戻訴権を提起したとき）、Bは担保人（auctor）としてAの名を告げ、Aに訴訟を知らせる（訴訟通告 litis denuntiatio）。Aは、訴訟においてBをDから擁護する義務を負う（元々はAが訴訟自体を被告として、後にはBの訴訟代理人として引き受けるという方法がとられた）。

- Aが彼の擁護義務を果たし、しかもDの訴えがこれにより退けられたならば、Bとしては満足である。目的物はBのもとにとどまる。

- Aがこの擁護を拒否するか
- 確かに擁護はしたが、この擁護は失敗に終わり、訴訟に負けたならば、
  BはAを相手方として、支払われた売買代金の2倍額の請求を目的とする
  担保訴権 actio auctoritatis
  を有する。

担保責任は、売買代金が支払われているか、担保が設定されていることを前提とする。

第12節　無主物先占

無主物先占 *occupatio* とは、無主物 *res nullius* を自主占有に基づいて自己のものとすることを言う。無主物先占の目的物は、例えば野生の獣、海産物、敵の物および放棄物 *res derelictae* である。

放棄とは、それまでの所有者が占有および所有権を任意で放棄することである。放棄は単独法律行為であり、その際に所有者の放棄の意思が少なくとも推定として存在し、認識可能なものでなければならない（例えばゴミ箱に捨てる）。

Aがある物を放棄し、Bがこれを先占により自己のものとした場合について、ローマ法においてはAの所有権喪失とBの所有権取得に関し以下の構成が見られる。

(1) 手中物の場合

Aの市民法上の	所有権？	Bの法務官法上の所有権	Bの市民法上の所有権

（Aによる放棄／Bによる無主物先占／取得時効）

(2) 非手中物の場合（学派間で論争があった）

プロクルス学派

Aの市民法上の	所有権	Bの市民法上の所有権

サビーヌス学派

Aの市民法上の所有権	Bの市民法上の所有権

ユースティーニアーヌスは、手中物と非手中物との区別も、市民法上と法務官法上の所有権の対立も取り除いたので、Bがあらゆる物についてすでに無主物先占それ自体によって所有権を取得することを認めた。

Aの所有権		Bの所有権

第13節　遺失物拾得と埋蔵物発見

(1) 通常の発見

　遺失物を発見する者は（注意　遺失物は放棄されたものではなく、したがって無主物ではない）、その発見を告知しなければならない。遺失物を隠匿することは、不法行為の一構成要件である窃盗 *furtum* に該当する。

　ローマ法には、発見者の報労金も、また発見者による所有権の取得も存在しなかった。（この分野においてはドイツ法の影響を受けた）ABGBは、発見者の通知義務を定め、価格ごとに段階を設けた発見者報労金を規定した。1年後に発見者は拾得物の利用権限を、3年後には所有権を取得する。

(2) 埋蔵物の発見

　埋蔵物（*thesaurus*）とは、長期間にわたり人に知られぬままの状態にあり、そのため所有者を突き止めることがもはやできない貴重品、宝物を言う。

　ハドリアーヌス帝が定めたところによれば、自己の所有地で発見した場合には発見物すべてが発見者のものとなり、他人の土地で偶然に発見した場合には、各々半分ずつ、発見者と土地所有者との共有となる。（埋蔵物が偶然に発見されたのではなくて、発見者が土地所有者から埋蔵物の探索を求められていたときは、埋蔵物は土地所有者の単独所有となる）。

第14節　附合、混和、加工

① 附合（*accessio*）は、2つないしそれ以上の物が、分離が（たとえ経済的に考えれば得ではないとしても）なお可能である状態で結合したときに発生する。

② 　　混合（*commixtio*）は、　　　　　融和（*confusio*）は、
固体（例えば金銭、穀物）が　｜　液体（例えばワイン）が
合わさって1つになり、相互の浸透状態が生じて、分離がもはや不可能であるときに発生する。

　　附合、混合および融和においては、所有者を異にするいくつかの物がそれに関わっている場合に、原始取得が発生し得る。これらの要件によりその所有権を喪失した者は、しかしながら債権法上の償還請求権を取得する。

③ 加工（*specificatio*）は、ある材料の加工により新しい物（*nova species*）が生じたときに発生する。

　　材料の所有者と加工者が別々の人で、しかもその加工が当事者の意思の合致に基づいていない場合に限り、物権法上の問題として加工が登場する。

　　物の加工が取決に基づくものではないとき、作成物の所有者となるのは1人に限られる。他方の者は債権法上の償還請求権を取得する。

(1) 附合

附合とは、所有者を異にする2つないしそれ以上の物が結合することを言う。この場合に、関与者の1人による所有権の原始取得が発生し得る。

　1) 河岸法上の取得要件

漸次の寄洲作用（*alluvio*）　河岸の所有者は徐々に流し寄せられてできた陸地の所有権を取得する。

急激な寄洲作用（*avulsio*）　他の河岸の土地からはがれ取られて流し寄せら

れた大きな土地は、付着により（流れ寄せられただけではだめ！）、河岸の土地の一部となる。

河中に生じた島（*insula in flumine nata*）　公の河川において生じた島は、川の中央線に沿って河岸の所有者で分け合う。

旧河床（*alveus derelictus*）　公の河川の干からびてしまった河床は、川の中央線に沿って河岸の所有者同士で分け合う。

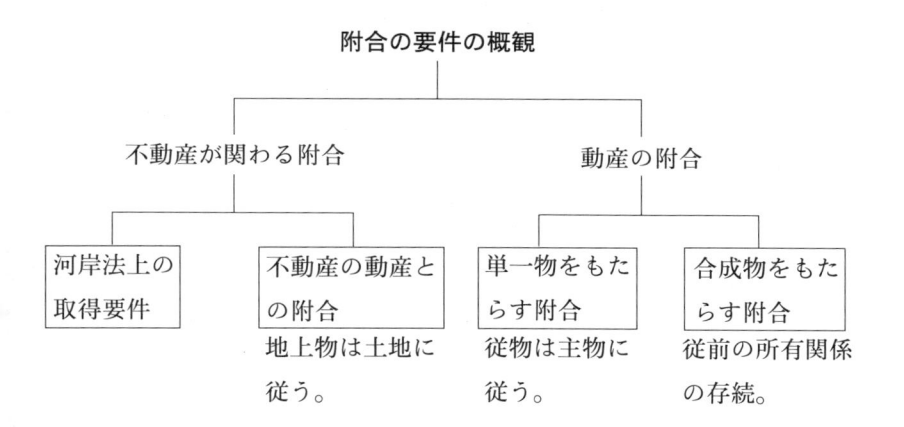

附合の要件の概観

```
                    附合の要件の概観
                         │
          ┌──────────────┴──────────────┐
     不動産が関わる附合              動産の附合
          │                            │
     ┌────┴────┐                  ┌────┴────┐
  河岸法上の  不動産の動産と      単一物をもた  合成物をもた
  取得要件    の附合              らす附合     らす附合
              地上物は土地に      従物は主物に  従前の所有関係
              従う。              従う。       の存続。
```

2）不動産の動産との附合

土地としっかりと附合した物（例えば建物、樹木、植物）はすべて、法的には土地と一体となり、土地所有者のものとなる。「地上物は土地に従う」。

播種（*satio*）　種子は播くことにより所有権が移転する。

移植（*implantatio*）　植え付けられた植物は、それが根付くことによって（植え付けただけではだめ）土地所有者の所有となる。

建築（*inaedificatio*）　土地所有者は、自己の土地に建設され、法的に土地と一体をなす建築物の所有者にもなる。しかし、他人の建築資材、例えば取り付けられた角材の所有者にはならない。この資材は依然として従前の所有者のものである。しかし、当該建築物が存続する限り、角材の所有者は分離の訴え（提示訴権 *actio ad exhibendum*）も所有

権訴訟も提起することができない。とはいえ、彼には建築主を相手方として、建築資材の2倍額を求める罰訴権、**梁木組立訴権** *actio de tigno iuncto* が帰属する。建築物がもはや存在せず、取り付けられた部分が自由となれば、従前の所有者は所有物取戻の請求をすることができる。

3）単一物をもたらす動産の附合

ここでは「従物は主物に従う」が原理として妥当する。すなわち、主物の所有者は附合した従物の所有権も取得することになる。いずれが主物でいずれが従物かの判断においては、その価値ではなく、物の附合という枠内でのその意義だけが問題とされる。判断は取引観念と無関係である。

例）染料は毛に従う。

インクは羊皮紙に従う。

絵画（*pictura*）に関しては学派間の論争があった。

サビーヌス学派　　　　　プロクルス学派、ユースティーニアーヌス

絵は画板 *tabula* に従う。　画板は絵に従う。

4）合成物をもたらす動産の附合

附合がこれに関わる所有者達の意思に基づくものであるならば、その意思が所有関係にとっても基準となる。

例　Aは自己の自動車にBのタイヤを取り付けた。

- それが、BはAにタイヤを貸すということで使わせたのであれば、　⟶　タイヤは引き続きBのものである。
- それが、BはAにタイヤを売ったことによるものであれば、　⟶　タイヤもAの所有物となる。

これに対して、附合が取決に基づくものではないならば、原則として、従前の所有関係が継続する。すなわち、当事者は各々、

- **提示訴権**によって分離を請求し、それに続いて、
- **所有物取戻訴権**によって自己の部分の返還を請求することができる。

【注意】附合により単一物が形成されたのか、それとも合成物が形成されたのかの線引きは、しばしば困難である。

例）　　　溶接（*ferruminatio*）　　　　　　ハンダ付け（*adplumbatio*）
　　　提示訴権は認められず、　　　　　　　　提示訴権が認められ、
　　　分離しても旧所有権は復活しない。　　　分離すれば旧所有権が復活する。

(2) 混合と融和〔混和〕

　混合あるいは融和とは、所有者を異にする固体あるいは液体がもはや還元不可能なほどに結合した場合を言う。

　この場合、以下の2つを区別する必要がある。

　　　1）金銭が混合した場合　　　2）それ以外の物が混和した場合

1）金銭の混合

　自己の金銭が他人の金銭と区別不能な状態で混ざったときは（*si mixti nummi essent, ut discerni non possunt*）、混ぜた者がその単独所有権を取得する。

　損害を被った者は混ぜた者を相手方として単に債権法上の請求権を取得するに過ぎない。

- それと知って混ぜた場合には、盗訴権および盗のコンディクティオ
- それと知らずに混ぜた場合には、（原因なき）コンディクティオ

2）それ以外の物（例えば穀物、穀物の粉、酢、ワイン）の混和

　① 混和が当事者の意思に即して発生したときは、その意思が基準となる。
　　　例えば、Aは彼のワインをBのワインに流し入れた。

- それは、Aが彼のワインを　　　　──→　　Bの単独所有権が、
  Bに売却したゆえであった。　　　　　　　発生する。
- それは、AとBが共同で　　　　　　──→　　持分的共有が、
  ワイン取引を営むゆえであった。　　　　　発生する。

　② 混和が当事者の了解なしに発生したときは、**数量的所有権** Quantitätseigentum が発生する。各当事者は所有持分取戻訴権 *vindicatio pro parte*、すなわち数量として定まっている持分を求める所有物取戻訴権を持つ。

(3) 加工

加工とは、他人の物ないし他人の材料を加工して、新しい物（*nova species*）が作られた場合を言う。例えば、葡萄の房を圧搾してワインが、大理石を彫刻して彫像が、布地を裁縫してトガが作られた場合である。

- 加工が当事者の了解によるものであるとき、その了解が所有関係の基準となる。例えば、AがBとの請負契約に基づいてBの木材を用いて像を彫ったならば、Bがその像の単独所有者である。
- 加工が了解に基づくものではないとき、例えば、木材がBのものであることを知らずに、AがBの木材を用いて像を彫ったならば、像の所有権は、

サビーヌス学派によれば、	プロクルス学派によれば、
材料の所有者に	加工者に

与えられる。

古典期後期において、還元可能性を判断基準として持ち出す**折衷説**（*media sententia*）が出された。この折衷説はユ帝によって確定された。

| 再び元の姿に戻すことができるときは | → | 材料の所有者が所有権を取得する。 |
| もはや元の姿には戻すことができないときは | → | 加工者が所有権を取得する |

第15節　果実の取得

果実とは物の産出物である。　①　天然果実　例えばリンゴ、農作物
　　　　　　　　　　　　　　　②　法定果実　例えば賃貸による賃料収入

分離以前は、果実は元物の非独立の構成部分である。果実は元物と法的運命を共にする（例えば、木に生っている果実の所有権譲渡は不可能である！）。

分離以後に、果実は独立した物となる。果実の所有権が何人に帰属するかという問いに答えようとするならば、いくつかの構成原理に出合うことになる。

元物主義	生産主義
果実は原則として、分離時に元物の所有者である者の所有物となる。	果実は原則として、自己の労働によりその果実を育てた者の所有物となる。
この原則は、果実収取権者が他にいない限りは、古典期ローマ法において、そしてABGB（§405）においても妥当する。	この原則はドイツ法の展開において見られる（「播いた者が刈り入れる」）。その痕跡を古ローマ法において認めることができる。
分離取得	**収取取得**
権利者による果実の取得は、元物からの分離と共に自動的に生じる（例えば果実の落下により）。	権利者による果実の取得は、占有取得行為によりはじめて生じる（例えば落下した果実を拾い上げることにより）。

ローマ法には以下の図式が見いだされる。

- 通常は元物主義が妥当する。元物の所有者は分離によって果実の所有者となり（分離取得）、分離がどのようにして生じたのか、誰が分離したのかは(所有者自身なのか、委託された者なのか、無権利者なのか、それとも単に落ちたのか)、関係がない。元物主義は、法制度上認められた果実取得者が他にいない限りは、適用された。
- 以下の場合においては、他の者によるそのような権利の取得が規定された。
    a）永借人
    b）善意占有者　　　　　　分離により取得
    c）用益権者
    d）（通常の）用益賃借人　　収取により取得

【注意】女奴隷の子供（*partus ancillae*）には、果実の取得の規定は適用されない。子供は原則として女奴隷の主人の所有権と権力 *potestas* に服する。女奴隷に対して用益権を持つ者は、女奴隷が産んだ子供に対して所有権を取得しない。

第 16 節　取得時効

(1) その展開の歴史（概観）

十二表法

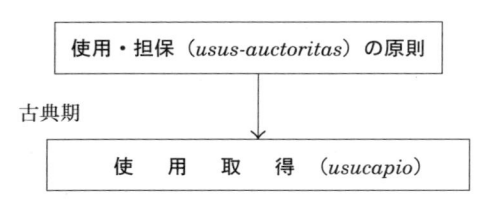

```
┌─────────────────────────────────┐
│ 使用・担保（usus-auctoritas）の原則 │
└─────────────────────────────────┘
                │
古典期           ▼
        ┌─────────────────────────┐
        │ 使 用 取 得（usucapio）  │
        └─────────────────────────┘
```

市民法上の取得時効であり、
適用はローマ市民に限られる。
（所有権の取得）

古典期後期

```
┌────────────────────────────────────────┐
│ 長期間の前書（longi temporis praescriptio）│
└────────────────────────────────────────┘
```
（沈黙の抗弁）
- まずは属州の土地について
- その後は動産についても適用

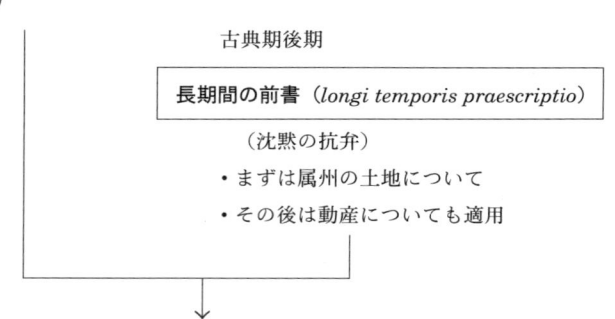

後古典期：両制度は融合し、最終的には、一般的な訴権の消滅時効に統合される。
（所有権訴権は30ないし40年で時効により消滅する。権利の取得ではない！）

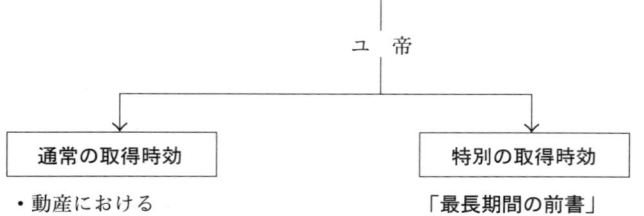

ユ　帝

```
┌──────────────┐         ┌──────────────┐
│ 通常の取得時効 │         │ 特別の取得時効 │
└──────────────┘         └──────────────┘
```

- 動産における
　　「使用取得」
- 不動産における
　　「長期間の前書」

「最長期間の前書」
（longissimi temporis praescriptio）

(2) 使用—担保の原則

> 十二表法第六表の三「使用－担保は土地について2年、その他の物については1年継続すべし」。"*Usus auctoritas fundi biennium, ceterarum rerum annus esto*"

　BがAからある物を握取行為により取得したならば、AはBに対して担保（*auctoritas*）責任を負う。Aは、第三者によって提起された訴訟においてBを擁護しなければならない。逆に言えば、Bはこの擁護に頼ることによって、前主に由来する彼の権利を証明することが可能となる。

　この担保は、十二表法によれば１年ないし２年の間とされた。期間経過後は、Bはもはや前主Aに頼る必要はなく、物に対しAの担保に依存しない地位を獲得するに至る。

(3) 古典期の使用取得

　取得時効とは、一定の要件を満たした占有の継続による所有権の取得を意味する。取得時効は、所有権の原始取得の一態様である。

　取得時効の意義はローマ法においては非常に大きかった。

① 非権利者からの善意取得が存在しなかったので、しばしば取得時効に頼る必要があった。もしBが非所有者Aから何かを取得したならば、Bはまずは所有者とはならない。Bは取得時効という手段によってしか物に対する所有権を獲得することができない。

② 取得行為における単なる形式上の瑕疵（例えば、手中物が単に引き渡されただけの場合）の結果、市民法上の所有者ではなくて法務官法上の所有者となったにすぎない場合でも、取得時効により市民法上の所有者になることができる。

③ 所有権訴訟における原告として所有権を証明しなければならない者にとっては、もし争われている物について自身の（または前主の）取得時効がすでに成立したことを引き合いに出すことができるとすれば、きわめて有利である。

取得時効により所有権を取得するための要件

- 瑕疵なき占有
- 使用取得可能物

　　使用取得不可能な物としては、とりわけ盗品を挙げなければならない。
- 権原（正当原因 *iusta causa*）

　　使用取得の場合、この権原は「… として *pro ...*」という言葉で示された。権原に基づく占有を市民的占有と呼ぶ。
- 善意（上記 1) の事例）

　　上記 2) の事例では善意は意味を持たない。
- 時効期間の経過

　　動産は 1 年、不動産は 2 年である。

時効期間の経過により市民法上の所有権が取得される。

1) 使用取得可能物（res habilis）

取得時効が完成するためには、物それ自体が使用取得可能な物でなければならない。例えば、以下の物は使用取得不可能な物（res inhabiles）である。

- **不融通物**（*res extra commercium*）
- **盗品**（*res furtivae*）：盗品を時効により取得することはできない。これに関する法的根拠として、1 つには十二表法、もう 1 つとして**アーティーニウス法**（*lex Atinia*）がある。盗品は、盗まれた被害者の権力下への復帰（*reversio in potestatem*）によって、これまでそこに付着していた盗品としての瑕疵をようやくぬぐい去り、再び使用取得可能な物となる。この原則はアーティーニウス法にその起源を持つ。
- **強奪品**（*res vi possessae*）：強奪品もまた使用取得不可能な物である。法的根拠は**ユーリウス・プラウティウス法**（*leges Iulia et Plautia*）である。

【注意】盗品および強奪品については、何人も時効により取得することができない。盗人または強盗自身も、また盗人または強盗から善意で取得した者も、そしてその承継人もできない。盗品に関しては、権力下への復帰によって初めて取得時効可能となる。

2) 権原（titulus = iusta causa〔正当原因〕）

取得時効者は、法が認める正当な原因（例えば売買、贈与、遺贈）に基づき

物を取得した者でなければならない。ローマ人は、使用取得の権原を「何々として（pro ……）」という言葉で表現した。

例えば以下のように表現した。 　買主として（pro emptore） 　贈与物として（pro donato） 　遺贈として（pro legato） 　嫁資として（pro dote） 　放棄物として（pro derelicto） 　自己の物として（pro suo）	例えば、使用貸借、賃貸借、寄託は、正当原因ではない（所有権の移転を目的とするものではないからである）。

当該原因が、単に取得時効者が存在すると思っただけで、実際には存在しなかったという場合（例えば、取得時効者Aは物を買ったと思っていたが、しかし実際には売買は存在しなかった）、これを**想定的権原** Putativtitel という。想定的権原に関しては、ローマの法学者の間で議論があった。認める法学者もいれば、認めない法学者もいた（例えば放棄物の場合には想定的権原では不可）。

3）善意（bona fides）

取得時効者が所有者となったと信じたことは、免責される錯誤によるものでなければならない（例えば、法律の錯誤は免責されない）。

例えば、買主Aは、売主Bは物の所有者であると思った。買主Aは、未成熟者たる売主Bを、外見からは成熟者に見えるので成熟者だと思った。

【注意】善意の要件は占有期間の開始において、つまり占有取得時に存在すれば足り、時効の全期間善意であることは要求されない（後発的悪意は〔時効取得者に〕不利益をもたらさず mala fides superveniens nec nocet）。

【注意】善意の要件は、法務官法上の所有者が時効により市民法上の所有権を取得する場合に関しては、非常に緩やかに適用される。手中物を単に引渡によって取得した者は、自己が市民法上の所有者にならないことを知っているのが通常である（あるいは知らなかったとしても、それは法律の錯誤である）。しかし、市民法上の所有権を時効取得することが許される。

4）占有（possessio）

取得時効者は中断することなく物を占有していなければならない（市民的占有）。もし占有が中断すれば、取得時効は新たに開始されなければならない。

5) 期間（tempus）

十二表法の使用・担保の原則に依拠して、取得時効の期間は以下の通りとなる。

土地の場合	動産の場合
2年	1年

- **期間の通算**（*accessio temporis*）：使用取得占有者は、（古典期後期から）前主の占有期間を通算することができる。
- **占有の承継**（*successio in possessionem*）：使用取得占有者の相続人は、被相続人により開始された取得時効を継続することができる。相続人が善意である必要はない。

(4) 使用取得における法的保護

取得時効期間の

開始		終了	
	取得時効期間中の占有		市民法上の所有権

この期間中、使用取得占有者はすでに**プーブリキウス訴権**により保護される。この訴権には、時効期間がすでに満了したとの擬制が含まれる。

使用取得占有者は、プーブリキウス訴権により、物に対しより劣る立場にあるすべての第三者を相手として勝訴する。しかし、**市民法上の所有者に対しては、敗訴する**。市民法上の所有者は、**正当所有権の抗弁**で対抗することができるからである。

もしこの期間中に市民法上の所有者が使用取得占有者を所有物取戻訴権で訴えるならば、

使用取得占有者はすでに市民法上の所有者になっている。今や彼は**所有物取戻訴権**を持つ。立場は逆転し、彼は従前の所有者による所有物取戻訴訟をもはや恐れる必要がなくなる。

使用取得占有者は敗訴する。但し、法務官法上の所有者である占有者は、勝訴することができる（例、市民法上の所有者から手中物を引渡により取得した者）。

(5) 長期間の前書

　長期間の前書とは、元の所有者による所有権訴訟に対抗するところの、長期間の占有を根拠とする抗弁である。この法制度は、古典期後期の属州の土地に関して展開されたものであり、その後は動産にも拡張された。長期間の前書は、使用取得とは異なり、外国人にも適用可能である。

　実体法上の要件として、占有の他には以下の要件が挙げられる。

| ・正当原因 *iusta causa* | 占有の正当な開始 |
| ・善意 *bona fides* | *iustum initium possessionis* |

期間は、所有物取戻請求者と長期間の前書に依拠する者とがそれぞれ有する住所の位置関係で異なる。

| 両者が同一市町村に住所を持つ場合は（現在者間 *inter praesentes*）、10年 | 両者が異なる市町村に住所を持つ場合は（隔地者間 *inter absentes*）、20年 |

(6) ユ帝法における取得時効

通常の取得時効

　ここでは、ユ帝は古典期の取得時効に依拠しながら、しかし新しい名称と新しい期間を導入した。

| 動産 | 不動産 |
| 使用取得 *usucapio* 3年 | 長期間の前書 *longi temporis praescriptio* |

特別の取得時効

最長期間の前書
longissimi temporis praescriptio

要件
- 占有
- 善意
- 期間　30年

国庫に属す物およびその他の

（§1466 AB GBを参照）　現在者間　10年
　　　　　　　　　隔地者間　20年

【注意】現在者間と隔地者間との間の線引は、ユ帝においては市町村ではなく県に依拠した。

特権を持つ権利者の物である場合は、40年（§1472 ABGBを参照）

【注意】特別の取得時効においては権原は不要である（§1477 ABGB）。盗品も特別の取得時効に服す。

第17節　所有権の法的保護

【予備的注意】所有者は、物の占有をも引き合いに出すことができるのであれば、場合によっては、占有訴権による占有保護を用いるだけでその目的を達することも可能である。占有訴権においては、物に対する権利は審理の対象とならない。

ここで扱うものは、本権の訴えによる法的保護である。

訴権	抗弁
所有物取戻訴権	正当所有権の抗弁
プーブリキウス訴権	売却され引渡された物の抗弁（再抗弁）
否認訴権	

(1) 所有物取戻訴権 (rei vindicatio)

所有物取戻訴権は所有権訴訟であり、以下の者が当事者となる。

　　占有していない　　　　　　　占有する
　　市民法上の所有者　　対　　　非所有者

所有者は、彼の物を占有する誰を相手方としても、所有物取戻訴権を提起することができ「予が予の物を発見するところ予これを取り戻す」(*ubi meam rem invenio, ibi vindico*)、そして――もっともローマ法においては直接的にではなく、訴訟法上の理由から間接的にのみではあるが――返還を強いることができる。

所有権訴訟の歴史的発展段階

- 神聖賭金式対物法律訴訟 *legis actio sacramento in rem*
- 誓約による *per sponsionem* 訴訟
- 本権に関する方式書 *formula petitoria* を用いた所有権訴訟

1) 神聖賭金式対物法律訴訟

この訴訟においては両当事者が所有権の主張を行い（所有権の主張 *vindicatio* と反対主張 *contravindicatio*）、そして互いに、その主張が誤りである場合に没収される神聖賭金 *sacramentum*（一定額の金銭）を賭けて争う。

審判人手続においては、まず第一にいずれの神聖賭金が没収されるかが問題となるが、その際、前提問題として間接的にではあるが物の所有権について決定がなされる。その決定においては、相手方との関係でいずれが物に対してより良い立場にあるかが決定的となる（相対的所有権概念）。

2) 誓約による訴訟

原告は被告に対して問答契約形式（誓約 *sponsio*）で、係争物が原告のものであった場合に一定金額を支払うことを約束させる。それから原告はこの訴訟についての賭けに基づいて訴える。その決定において、前提問題として間接的に、所有権についても決定がなされる。

上述の2つの訴訟においては、係争物の所有権ではなくて、それを巡って成立した訴訟についての賭けの証明がまず第一に問題となるので、判決においては賭けについてしか判断は下されず、しかし、返還（ないし返還なき場合の金銭賠償）義務は確定されない。したがって、敗訴者による返還については訴訟の開始時に別途準備をしておく必要があった。神聖賭金式訴訟では保証人の設定によってこれが行われ（訴訟と係争物の保証人 *praedes litis et vindiciarum*）、誓約による訴訟においては、被告が敗訴の場合に物を返還することを問答契約形式でさらに保証することによって行われた（訴訟と係争物の保証人に代わる担保問答契約 *cautio pro praede litis et vindiciarum*）。

3) 本権に関する方式書を用いた訴訟

この手続様式においてようやく以下のことがまず第一に問題とされた。

- 原告の所有権の確定
- 被告による物の返還　または、方式書訴訟手続において審判人は金銭でし

か判決を下すことができず、物自体について判決を下すことはできないので、金銭賠償

さて、以下において所有物取戻訴権のこの形体について詳しく考察することにしよう。

(2) 所有物取戻訴権（詳述）

訴訟方式書の文言は以下の通り。

請求の表示	もし訴訟の客体である物が市民法上原告のものであることが証明されるならば、 *Si paret rem qua de agitur ex iure Quiritium Auli Agerii esse*
裁定条項	そしてこの物が（審判人の裁定により？）回復されることがないならば、 *neque ea res (arbitorio iudicis ?) restituetur,*
判決権限の付与	審判人よ、その物が値するであろう額につき被告が原告に責あるものと判決せよ。もし証明されなければ、免訴せよ。 *quanti ea res erit, tantum pecuniam iudex Numerium Negidium Aulo Agerio condemnato, si non paret, absolvito.*

方式書の文言によるならば、被告有責の判決が下されるための要件は以下の通りである。

① 原告の所有権が証明されるならば（"*Si paret rem Auli Agerii esse ex iure Quiritium*"）。

② および、被告が訴訟の行われている間になお物を返還しないならば（"*neque ea res restituetur*"）。

①の解説

原則として自己の所有権につき原告が証明責任を負う。原告は所有権を証明しなければならない。もし証明に失敗すれば、敗訴を覚悟しなければならない。この証明は、特に原告が承継取得を引き合いに出す場合に困難なものとなる。

- もし原告が売主 V_1 から自己の所有権を導き出すとするならば、自己の所有権を証明するために、売主 V_1 の所有権をも証明しなければならない。
- さて今度は売主 V_1 がさらに前主 V_2 から自己の所有権を導き出すとするならば（例えば売主 V_1 はその物を V_2 から相続した）、V_2 の所有権も証明されなければならない。
- V_2 がさらに前主 V_3 から彼の所有権を導き出すとするならば、V_3 の所有権も証明されなければならない。
- さらに……

この前主の連鎖は、原始取得者（例えば、無主物先占、加工による取得者）にたどりつくまで終わることはない。このような証明をすることはしばしばきわめて困難なので、中世においてこれは悪魔の証明（*probatio diabolica*）と呼ばれた。

もっともローマ法に関しては、悪魔の証明という困難は以下のことによって弱められた。

a) 原告が彼自身または直近の前主の下で成立した取得時効を引き合いに出し得るという可能性（取得時効は原始取得の1つである）。ここでは短期の取得時効であることが有利に働く。
b) 証明責任を柔軟に分配し得る審判人の権限（原告の証明責任という硬直した規則からそれることによって）。
c) 所有物取戻訴権に代えて、プーブリキウス訴権によって訴える可能性。

②の解説

ローマの方式書訴訟手続においては金銭判決の原理 *condemnatio pecuniaria* が妥当する。すなわち、審判人は常に金銭でしか判決を下すことができず、物自体について判決を下すことはできない。しかし、しばしば原告にとってはむしろ物それ自体の方が好ましいので、方式書に挿入された裁定条項（*clausula arbitraria*、回復条項とも呼ばれる）によって、以下の可能性が開かれていた。審判人は、原告の所有権は証明されたものと判断するならば、これ

を確定して、同時に被告に対して物の返還を勧告することができる。被告が審判人の裁定（それゆえに裁定条項と呼ばれる）に応じてこの勧告に従うならば、原告は満足を得る。被告は方式書の文言に対応して免訴を言い渡される。もし被告がこれに従わなければ、物の価額についての判決が下される。

〇以上をまとめれば、所有権訴訟は以下の経過をたどる。

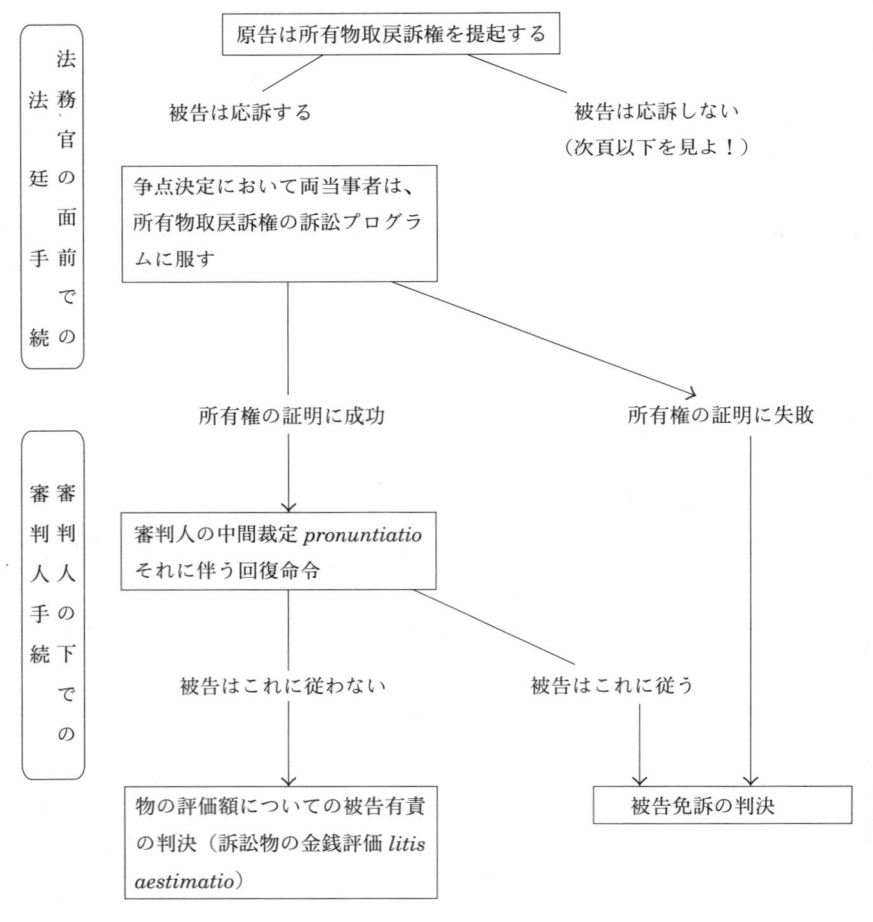

```
法務官の面前での法廷手続  │  原告は所有物取戻訴権を提起する
                         ├── 被告は応訴する
                         └── 被告は応訴しない（次頁以下を見よ！）

                          争点決定において両当事者は、所有物取戻訴権の訴訟プログラムに服す

審判人の下での審判人手続  │  所有権の証明に成功 → 審判人の中間裁定 pronuntiatio それに伴う回復命令
                         │     ├── 被告はこれに従わない → 物の評価額についての被告有責の判決（訴訟物の金銭評価 litis aestimatio）
                         │     └── 被告はこれに従う → 被告免訴の判決
                         └  所有権の証明に失敗 → 被告免訴の判決
```

【注意】

1) 評価額の調査は原則として審判人の仕事である。悪意で回復が拒否される場合には、

原告の宣誓による評価（訴訟物の宣誓 *iusiurandum in litem*）となる場合がある。
2）被告が有責判決を受け、評価額を支払うならば、今や被告は物の所有者となる。誇張して言えば、「所有権訴訟は原告の公用徴収をもたらす」。被告はこれにより手中物に対しては法務官法上の、非手中物に対しては市民法上の所有者になる。

○所有物取戻訴権との関連でさらに以下の問題が存在する。

① 原告適格と被告適格
② 「応訴の自由」
③ 回復義務の範囲

①の解説

当事者適格の観点の下で、誰を原告側に立つ当事者（原告適格）と、誰を被告側に立つ当事者（被告適格）と見るのかが問題とされる。

原告適格を持つ者は所有物取戻訴権においては、原則として、占有していない・市民法上の物の所有者（ないしはそうだと主張する者）である。

被告適格を持つ者は当初は物の占有者（しかも占有訴権付占有者）だけであった。ここで、特示命令手続がわけても所有権訴訟を準備し、正当な当事者の割当を配慮する機能をも持っていたことを思い出して欲しい。単なる所持者は元来は被告適格を持たない。

その後、被告適格については2つの拡張が見られる。
・古典期後期　所持者
・ユ帝　**擬制された占有者** *ficti possessores*　以下の者がこれに数えられる。
  a）偽って被告として応訴した者（例えば他人をかばう目的で）
    「進んで訴訟に応じた者 "*qui liti se obtulit*"」
  b）訴訟開始以前に悪意で物の占有を止めた者
    「悪意で占有を止めた者 "*qui dolo desiit possidere*"」
    （この規定はすでに古典期においてユウェンティウス元老院議決 *SC Iuventianum* をきっかけに、顚落財産取戻訴権 *vindicatio caducor-*

um に関して展開され、相続財産訴訟（相続請求 *hereditatis petitio*）に拡張された。ユ帝はこの規定を所有権訴訟にまで広げた。

【注意】擬制された占有者の場合には、実際物を持っていないので裁定条項に基づく回復は問題にならない。

②の解説　所有物取戻訴権における「応訴の自由」

そもそも訴訟が成立するためには、被告の協力が必要である。対人訴権の場合には厳しい応訴の強制が存在するのに対して、対物訴権（その代表が所有物取戻訴権である）の場合には、掴取の対象が人ではなくて物に過ぎないので、そのようなものは存在しない。

とはいえ、被告が協力し、物の防御（Sachdefension）をするようし向ける間接強制が存在した。

- 動産の場合にしか想定できないが、物が法廷にあり、被告が所有物取戻訴権に応訴しない（すなわち物の防御をしない）場合は、法務官は原告に対して防御されない物を持ち去ることを許した（持去命令）。この場合、所有権の審理は行われない。
- 物が法廷にない場合は、法務官は原告に以下の手段を付与する。

動産のときは	不動産のときは
裁判所への提示を求める提示訴権	回復を求める土地返還の特示命令
actio ad exhibendum	*interdictum quem fundum*

提示訴権も、（命令に従わない場合に）その特示命令から導かれる訴権も、対人訴権であり、厳しい応訴強制に服す。この場合、被告は——物の所有権が審理されないままに——提示ないしは回復に関して原告が有する利益について有責判決を受けることになる。

これらの間接的な強制手段は、しばしば被告をして所有物取戻訴権に協力するようし向けた。

③の解説　被告の回復義務の範囲

回復の中核はもちろん物それ自体の返還（ないしはその評価額の賠償）であ

る。その際原則として争点決定時が基準とされた（回復する *restituere* ＝原告をして、すでに争点決定時において物を持っていたならばそうであったはずの状態におく）。

　しかし、さらにそれ以外にも、回復義務の範囲は以下の状況によってなお影響を受ける。

a) **物から生じた果実**　これについてローマ人は以下の区別をした。

　　<u>収取した果実 *fructus percepti*</u>　実際に収取された果実
　　　　├─ 現存する果実 *fructus extantes*　　　なお存在する果実
　　　　└─ 消費された果実 *fructus consumpti*　すでに消費された果実
　　<u>収取したはずの果実 *fructus percipiendi*</u>　実際は収取されなかった果実
　　　　├─ 被告が故意または重過失により収取を怠った果実
　　　　│　　（収取を怠った果実 *fructus neglecti*）
　　　　│　　例えば被告は木に実ったリンゴを腐らせた。
　　　　└─ 原告が収取することのできたはずの果実（<u>所有者ならば収取したはずの果実 *fructus percipiendi ex persona domini*</u>）
　　　　　　　例えば原告は熟達した園芸家であり、園芸家として並みの能力しか持たない被告よりも多くの収穫を得ることができたはずである場合。

b) 物の**損害**

c) 被告が物について支出した**費用**　*impensae*
　　├─ 必要費 *impensae necessariae*
　　├─ 有益費 *impensae utiles*
　　└─ 奢侈費 *impensae luxuosae*

その詳細について図示するならば、以下の通りとなる。

被告は善意の占有者である	被告は悪意の占有者である
a）果実についての返還義務ないし賠償義務	
争点決定以前	
古典期法においては未だ返還義務は存在しなかった（善意の占有者による原始取得！）。 ユ帝法においては現存果実について返還義務が存在した。	・収取した果実 ・収取を怠った果実
争点決定以後	
・収取した果実 ・収取を怠った果実	・収取した果実 ・収取を怠った果実 ・所有者ならば収取したはずの果実
b）物の滅失・毀損に対する責任	
争点決定以前 所有物取戻訴権に関しては責任は生じなかったが、アクィーリウス法に関しては存在した。	
なし	・悪意 *dolus* および過失 *culpa*
争点決定以後は所有物取戻訴権に関して責任が発生した。	
・悪意 *dolus* および過失 *culpa*	・悪意 *dolus* および過失 *culpa* ・混合事変 *casus mixtus*
c）費用償還は以下のものについて成立する	
必要費および有益費	必要費
費用償還は、訴訟において悪意の抗弁を用いて請求される。審判人は、原告に費用償還の用意がある場合に限り、所有物取戻訴権により被告に有責判決を下す。もし原告にその用意がなければ、訴えの提起に悪意が存在することになり、被告は免訴となる。 償還対象とならない支出については**収去権** *ius tollendi* が存在する。	

(3) 否認訴権 (actio negatoria)

　否認訴権とは、不当に行使される侵害に対して市民法上の所有者が自己を防衛するための、所有権に基づく妨害排除請求（Eigentumsfreiheitsklage）である。

　例）Bは継続的にAの土地を通行する。Bは、通行役権を有しており、通行する権利があると主張する。

　例）Aの土地は、Bのチーズ工場からのイミシオーネン（煙、臭気）により被害を被っている。

否認訴権の目的は以下の2つである。

1) 侵害行為に関して被告は権利を有しないことの確認（したがって第1の例ではBの役権の不存在、第2の例ではBがAの土地上に煙を排出する権利を持たないこと）。

2) 現在の侵害行為の排除並びに将来のさらなる侵害行為の排除。そのゆえに、被告に対して担保の提供を要求することができる（もはや妨害しないことの担保問答契約 *cautio de non amplius turbando*）。

【注意】上述の類の侵害行為に対しては、占有保護手段、とりわけ占有妨害排除の特示命令によっても措置を講じることができる。しかし、占有訴権においては物の権利も、場合によってはあり得る侵害の権利も審理されることはなく、単に平穏な占有状態が審理の上保護されるに過ぎないのに対して、否認訴権の場合には、侵害する権利の不存在が確定される。その場合、原告の方でも、物に対する所有権を証明する必要がある。

否認訴権における証明責任の分配

- 物に対する所有権は、これを原告が証明しなければならない。
- 負担の無い所有権の証明責任に関しては、困難な問題が存在する。原告が被告の無権利を証明しなければならないのか、それとも被告が権利を有することを証明しなければならないのか？　古典期の史料にはこれについての明確な答えはない。今日では、原告に負担の無い所有権有りとの推定が働く。

役権と関わる権利保護における注意点
- 否認訴権 actio negatoria は、役権が無いのに有りとする者を相手方とする、土地の所有者の訴えである。
- 認諾訴権 actio confessoria は、役権の存在を争う承役地の所有者を相手方とする、役権者の訴えである。

(4) プーブリキウス訴権 (actio Publiciana)

プーブリキウス訴権は、法務官法上の訴権であり、発案者である法務官クイントゥス・プーブリキウス Quintus Publicius（前67年）に因んでその名が付けられた。その目的は、以下の2つである。

① 使用取得占有者の保護

② 法務官法上の所有者の保護

占有喪失後、これらの者はこの訴権を用いて、物に対して相対的に立場の劣るいずれの第三者に対しても、物の返還を請求することができる。

訴権の付与を約束した告示の規定は、ウルピアーヌス『告示注解』において我々に伝わっている（D.6,2,1）。

> 法務官は述べる。「もしある者が、正当原因に基づき（非所有者から？[注]）引き渡され、未だ使用取得していない物の返還を訴えるならば、私は法的保護（訴訟 iudicium）を付与しよう」。
>
> *Ait praetor: "Si quis id quod traditur ex iusta causa (non a domino？) et nondum usucaptum petet, iudicium dabo".*

注）伝えられる文言「非所有者から "non a domino"」が告示規定の元々の文章に含まれていたかどうかは、以下の争われている問題と関係する。すなわち、プーブリキウス訴権は元来は誰を保護するために設けられたのかという問題である。
- 非所有者からの取得者、したがって単なる取得時効占有者なのか
- 確かに所有者から取得したのではあるが、方式を用いることなく（例えば握取行為ではなくて単なる引渡により）取得した者、したがって法務官法上の所有者なのか。そうだとすれば、「非所有者から」という文言は不要である。

この訴権の方式書には、取得時効期間がすでに経過したとの擬制が含まれている。したがって、審判人は被告に対して原告を、あたかもすでに市民法上の

所有者であるかの如くに扱わなければならない。それゆえ、この訴権は広い範囲で所有物取戻訴権の諸原則に従っている（例えば裁定条項、回復義務）。

【注意】
- プーブリキウス訴権は古典期において取得時効占有者の保護にも、法務官法上の所有者のそれにも用いられた。しかし、対市民法上の所有者との関係で、取得時効占有者は敗訴するのに対して、法務官法上の所有者は勝訴することに注意して欲しい。これについては、下記の概観図を見よ！。
- プーブリキウス訴権は単に取得時効の要件（期間は含まれない）の証明を原告に要求するだけなので、市民法上の所有者も（実際、通常はこの要件を具備するであろうから）、この訴権を用い、これにより所有物取戻訴権の場合の証明の困難さを回避することが可能であった。

(5) 使用取得占有者および法務官法上の所有者のための本権の訴えによる法的保護

	例）Kは非所有者から物を購入し、引渡により受け取った。Kは使用取得占有者として、	例）Kは所有者から手中物を単に引渡により受け取った。Kは法務官法上の所有者として、
物の占有を失ったとき、原告として	・（相対的により劣る立場にある）すべての第三者を相手方として、勝訴する。 K ──→ D 占有 プーブリキウス訴権 ・市民法上の所有者に対しては敗訴する。 プーブリキウス訴権 K ──→ E 占有 ←── 正当所有権の抗弁	・すべての第三者を相手方として勝訴する。 K ──→ D 占有 プーブリキウス訴権 ・市民法上の所有者に対しても勝訴する。 プーブリキウス訴権 K ──→ E 占有 ←── 正当所有権の抗弁 ──→ 売却され引き渡された物の再抗弁

物を占有する被告として	・市民法上の所有者を相手方としては、保護されない。 所有物取戻訴権 E ──────→ K 占有	・市民法上の所有者を相手方としても、保護される。 所有物取戻訴権 E ──────→ K 占有 ←────── 売却され引き渡された物の抗弁

1) 正当所有権の抗弁（exceptio iusti dominii）

市民法上の所有者は、彼の所有権（正当所有権 *iustum dominium*）を根拠として、使用取得占有者を相手に、勝訴することができる。法務官は所有者に抗弁を付与する。

2) 売却され引き渡された物の抗弁（再抗弁）exceptio (replicatio) rei venditae et traditae

法務官法上の所有者を相手としては、市民法上の所有者は彼の所有権を根拠として勝訴することができない。法務官は、訴訟における当事者の役割に対応して、抗弁ないし再抗弁を付与する。

この「売却され引き渡された物の抗弁」は、悪意の抗弁から派生したものである。ある物を売却し引き渡した者が、その後、権利移転の際の形式の瑕疵を理由として物の返還を請求するならば、彼は保護を受けるに値しない。もし所有権訴訟を提起するならば、そこには信義則違反、誠実な取引観に反する行為、悪意があることになる。その後、市民法上の所有者の売却と引渡を要件事実とする独自の抗弁が形成されるに至った。

第4章　他物権

他物権 *iura in re aliena* とは他人の物に対する制限物権をいう。当該の物の所有者にとっては、他物権は負担を意味する。

ローマ法においては、以下の制限物権が存在した。

- 役権 Servituten
- 永借権 Emphyteuse
- 地上権 Superficies
- 担保権 Pfandrecht〔抵当権も含む広義の質権〕

第1節　役権

役権は他人の物に対する物権的利用権であり、以下の2つのためにある。

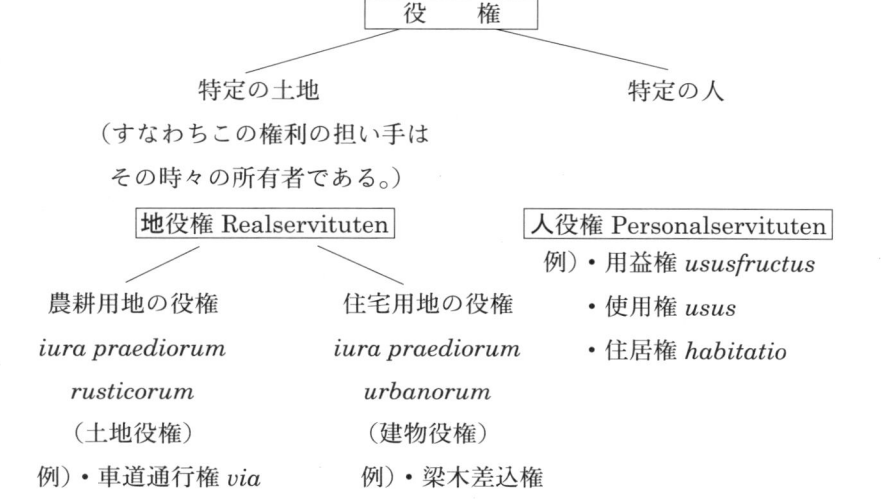

```
                         役　権
                   ／           ＼
            特定の土地           特定の人
   （すなわちこの権利の担い手は
    その時々の所有者である。）

    地役権 Realservituten          人役権 Personalservituten
    ／            ＼              例）・用益権 ususfructus
農耕用地の役権    住宅用地の役権      ・使用権 usus
iura praediorum  iura praediorum     ・住居権 habitatio
   rusticorum       urbanorum
  （土地役権）      （建物役権）
例）・車道通行権 via    例）・梁木差込権
```

- 歩道通行権 *iter*
- 家畜通路権 *actus*
- 引水権 *aquaeductus*

これら4種類の古い土地役権は手中物に属す。

- 放牧権 *ius pascendi*
- 汲水権 *aquae haustus*

servitus tigni immitendi
- 隣接建物を支えとする権利

servitus oneris ferendi
- 一定の高さを超える建物建築を差し止める権利

servitus altius non tollendi
- 雨水・下水・汚水・煙の排出権

servitus stillicidii, cloacae, latrinae, fumi immitendi

地役権において、これに関わる土地は以下のように呼ばれる。
- 要役地 *praedium dominans* 支配する土地
- 承役地 *praedium serviens* 仕える土地

不規則役権 地役権をその内容とする人役権（例えば、自然人ないし法人のための通行権）

(1) 地役権

1) その特徴と諸原則

① 地役権は制限物権である。この権利の担い手はその時々の要役地の所有者である。その権限の目的は、きわめて特定された方法での承役地の利用である。

②「役権は作為を内容とすることを得ない *servitus in faciendo consistere nequit*」。承役地の所有者は原則として認容と不作為の義務しか負うことはなく、積極的行為義務はない。

③「何人も自己の物に役権を有することはない *nemini res sua servit*」。何人も自己自身の物に役権を持つことはできない。したがって、例えば要役地の所有者が（例えば相続により）承役地の所有者となったならば、役権は混同 *confusio* によって消滅する。

④ **有益性** *utilitas* の原則　役権は要役地それ自体にとって利益となるものでなければならない。
⑤ **近接** *vicinitas* の原則　要役地と承役地とは、その利用が要役地にとって可能であるほどに互いに近接していなければならない。
⑥ 「**役権の目的は永続的なものでなければならない** *servitutis causa perpetua esse debet*」。承役地は、要役地にとって継続的であって、単なる一時的なものではない利用を可能としなければならない。
⑦ 「**役権はこれを市民らしく行使しなければならない** *servitutibus civiliter utendum est*」。大切に使うことの原則。
⑧ 役権の不可分性
2) 役権の発生
① 法律行為によるもの
② 審判人の判決によるもの
③ 取得時効によるもの（ローマ法においてはすべての時代を通じて可能であったわけではない！）

①の解説
　a) 市民法上の要式行為による設定
　　法律行為による役権の発生は、原則として承役地の所有者だけがこれをもたらすことができる（何人も自身が有する以上の権利を他人に移転することはできない）。詳しくは以下の設定方法で行われる。
- **握取行為**　4種の古い土地役権の設定は、これらが手中物に属すので、握取行為の形式で行うことができた。
- **法廷譲与**　これは役権取戻訴権 *vindicatio servitutis*（認諾訴権）を模倣した、法務官の面前での仮装訴訟である。要役地の所有者は役権の存在を主張し、承役地の所有者は異議を唱えない。
- **役権の留保** *deductio servitutis*　土地の譲渡者は譲渡行為（握取行為、または法廷譲与）に際して（自己の所有する他の土地のために）役権を留保する。

- **物権遺贈** 役権は被相続人の終意処分により、物権的効力を持つ遺贈の形式で設定される。

これまで述べてきた設定方法は、市民法上の要式法律行為である。
  b）無方式の合意による設定
  - 「法務官法上の役権」 法務官は抗弁の形式で法的保護を与える。
  - 約束と問答契約 *pactiones et stipulationes*（約束と、問答契約形式での違約罰）属州の土地についてのものである。
  - ユ帝法においては、無方式の約束による役権の設定が一般的に認められた（引渡と認容 *traditio et patientia*）。

②の解説 審判人の判決による設定

分割手続（遺産分割訴権 *actio familiae erciscundae*、共有物分割訴権 *actio communi dividundo*）において、審判人の裁定付与 *adiudicatio* により役権を発生させることができた。

③の解説

役権の取得時効に関しては、以下の展開を見ることができる。
- 古ローマ法　使用取得 *usucapio*
- スクリーボーニウス法 *lex Scribonia*　役権の使用取得を廃止
- 古典期後期　属州の土地についての長期間の前書 *longi temporis praescriptio*
- ユ帝　すべての土地についての長期間の前書

3）役権の消滅
  ① **放棄**による消滅　放棄は古典期においては儀式的な行為によって行われた。消滅の場合にも同じく法廷譲与が用いられたのである。これは、否認訴権を模倣した仮装訴訟である。すなわち、両当事者が法務官の前に出頭し、承役地の所有者が自己の土地の自由であることを主張し、要役地の所有者がこれに異議を唱えない。
  ② **混同** *confusio* による消滅　要役地と承役地の所有権が（例えば相続に

より）同一人に帰した。
③ **役権からの自由の取得時効**（2 年）

<pre>
            役権からの自由の取得
          ／   ＼
    土地役権の場合   建物役権の場合
</pre>

単なる不使用（*non usus*）　役権の存在と相容れない状態の回復
ユ帝法においては長期間の前書 *longi temporis praescriptio* により時効取得。

4）役権の保護
① 占有訴権による保護

　物の占有が特示命令によって保護されるのと同様に、役権の事実上の行使もまたそれ固有の特示命令によって保護された。役権を事実上行使し、この行使において保護を受ける者は、準占有者 *quasi-possessor* と呼ばれた。

　占有訴権による保護手段は、実際には権利を有しない者に対しても有利に働く場合があり得る。この保護手段は、物の占有の場合と同様に、本権の訴えの準備としても利用される。

② 本権の訴えによる保護
　a) **役権取戻訴権** *vindicatio servitutis* または**認諾訴権** *actio confessoria*
　　これは、役権の存在の確認を目的とする、役権者の対物訴訟である。対物訴訟として、承役地の所有者のみならず、役権の存在を争う、ないしはその行使を妨げるすべての第三者に対して提起される。
　b) **否認訴権** *actio negatoria*　役権不存在の確認を目的として、承役地の所有者が提起する訴訟である。

(2) **用益権**

パウルス Paulus の定義（D.7,1,1. § 509 ABGB 参照）
「用益権はその実質を大切にして他人の物を使用収益する権利である」。
　"usus fructus est ius alienis rebus utendi fruendi salva rerum substantia"

例）土地に対する用益権
　　　奴隷に対する用益権
　　　財産全体に対する用益権

【注意】用益権のこの定義によれば、用益権は原則として非消費物に対してのみ成立する。消費物が含まれている場合には（特に財産全体に対する用益権において生じる可能性がある）、準用益権 quasi-ususfructus と呼ばれる。これは一元老院議決によって認められたものである。

1) 用益権の発生
　① 終意処分による発生
　　　これが用益権の歴史的出発点である。被相続人はその寡婦および未婚の娘のことを気遣って、遺言における物権遺贈によって彼女らに用益権を与えることができた（例えば土地、財産の一部について）。
　② 生存者間での法律行為による発生
　　　・法廷譲与 in iure cessio
　　　・譲渡行為における用益権の留保 deductio ususfructus
　　　無方式の設定行為（約束と問答契約）は、この場合にも属州の土地について発生し、最後にユ帝法では一般的に行われた。
　③ 審判人の判決による発生
　　　・分割手続における裁定付与 adiudicatio
　④ 古典期後期から、長期間の前書 longi temporis praescriptio による発生

2) 用益権の内容とその行使
用益権者の権利には以下のものが含まれる。
　　　・あらゆる面での物の使用と収益、もっとも実質への介入は含まれない。
　　　・収取の時点での果実に対する所有権の取得

負担の設定された物の所有者には、以後はもはや**空虚な所有権** nuda proprietas しか残らない。用益権の消滅によってはじめて、再び完全な権利が膨らんで現れる（所有権の弾力性！）。

用益権の開始において用益権者は、返還することおよび注意深く行使することについて約束をしなければならなかった（**用益権担保問答契約** cautio *usufructuaria*)。

用益権は一身専属的な権利であり、このことから以下の帰結が生じる。
- 用益権は遅くとも権利者の死亡によって消滅する。
- 用益権はそれ自体としては**他人に譲渡**することができない。しかし、用益物を賃貸することは許されていた。これは、用益権を譲渡したのではなくて、単に行使のある側面を債権契約の目的にしただけだからである。用益権者は依然として、賃貸により収入を得るというやり方で、物を利用している。

用益権者は占有者ではなくて、単なる所持者に過ぎない。しかし、用益権の事実上の行使も特別の特示命令によって保護されたので、用益権者は準占有者 *quasi-possessor* である。

3) 用益権の終了
① 権利者の死亡ないし頭格減少 *capitis deminutio*
② 期間の経過
③ 放棄
  - 法廷譲与の形式での要式放棄
  - 無方式の放棄は、法務官法上抗弁の付与によって効力を有したに過ぎない。ユ帝法においてはじめて無方式の放棄は一般的承認を得た。
④ 強化 *consolidatio* 所有者と用益権者とが（例えば相続により）同一人に帰す場合。
⑤ 役権からの自由の時効取得

4) 用益権における保護
① 占有訴権による保護
  特別な、占有保護の特示命令を模倣した特示命令（準特示命令 *interdicta utilia*）
② 本権の訴えによる保護
  用益権取戻訴権 *vindicatio ususfructus* ＝ 認諾訴権 *actio confessoria*
  否認訴権 *actio negatoria*

5) 特殊な用益権

- 準用益権 *quasi-ususfructus* ＝消費物に対する非本来的な用益権

【注意】用益権の定義からすれば、用益権の目的物としては非消費物しか認められない。
物の実質を大切にしての *salva rerum substantia* 使用

発端となったのは、財産全体に対する用益権であり、そこには非消費物も、また消費物も含まれている場合があるからである。ある元老院議決が消費物に関する規則をもたらした。

　　法的構成　準用益権者は用益権終了時に同種・同量物を返還する義務を用益権担保問答契約において引き受け、これにより**所有者**となる。この構成により準用益権は消費貸借に類似するものとなる。

- 金銭に対する用益権 *ususfructus pecuniae*　この場合も、法律構成としては準用益権となる。権利者は同額の返還義務を負うと共に金銭の所有者となる。

(3) その他の人役権

用益権からいくつかの部分が分かれ出て、独立した１つの人役権が形成された。

古典期

用益権 *ususfructus* ── 範囲の限定 ⟶ **使用権** *usus*

完全な（自己使用に制限されない）使用と収益に対する物権

他人の物に対する物権的使用権
- 収益権はない
- 自己使用のためにだけ使用

ユ帝　　　　　　目的の分離

住居権 *habitatio*
物権的住居権

奴隷の使役権 *operae servorum*
他人の奴隷の労働力を利用する物権

第2節　永借権

以下の2つを区別する必要がある。

通常の用益賃貸借	永借権
ここにあるのは単なる債務関係である。	ここにあるのは、制限物権である。
対人訴権 *actio in personam* による保護でしかなく、相手方は賃貸人であり、第三者を相手とすることはできない。	対物訴権 *actio in rem* によって保護される（第三者も相手とすることができる）。
特示命令による保護はない。	特示命令によって保護される。

展開の歴史

共和政期および古典期

> **公有地 *ager vectigalis* の用益賃貸借**

国家または都市による、借料 *vectigal* の支払いを対価とする用益賃貸

特示命令と後には対人訴権（永借地訴権 *actio vectigalis*）よって保護された。教義学的分類について争いがあった。

- 売買
- 永久賃貸 *locatio in perpetuum*

ギリシャの *Emphyteuse*
（借料支払いを対価とする開墾のための土地の授与）

> 皇帝領および国有地の、借料 *canon* の支払いを対価とする永代貸借としての *Emphyteuse*
> 「永久権 "*ius perpetuum*"」

皇帝ゼノ Zeno
> **永借権 *ius emphyteuticarium***

- 永借権契約 *contractus emphyteuticarius* により成立。これは一種特別の契約である。
- 永借権 *ius emphyteuticarium* は譲渡可能、相続可能であり、対物訴権により保護された。

第3節　地上権

【注意】AがBの土地に建物を建てたならば、その建物はBの所有となる。建物の所有権は土地所有権に編入される（地上物は土地に従う *superficies solo cedit*）。

　契約による所有者の同意を得て、他人の土地に建築することを可能とし、建物の建築者ないし利用者に財産的価値を有する法的立場を与える必要に応えるために、地上権という法制度が創られた。

　地上権は、他人の土地の地表に建物を所有する権利であり、譲渡および相続可能な制限物権である。

　ローマ法においては以下の展開を見ることができる。

公有地

借料（*vectigal*）の支払いを対価として、都市所有地に建物を建てることを私人に許可した。

私有地

地代（*solarium*）の支払いを対価として、建物の建築と利用のために、私人に私有地を委ねた。

権利者は地上権者 Superfiziar と呼ばれ、地上権に関する特示命令 *interdictum de superficiebus* により占有権の保護を受けた。地上権は譲渡および相続可能である。

後古典期

地上権が卑俗法上の所有権概念に編入される。

ユ帝
> 地上権は、譲渡・負担・相続可能な制限物権となる。

地上権者は、対物訴権によって、本権の訴えによる保護を付与された。

第5章　担保権

担保権 Pfandrecht（抵当も含む広義の質権）における法律関係の経過

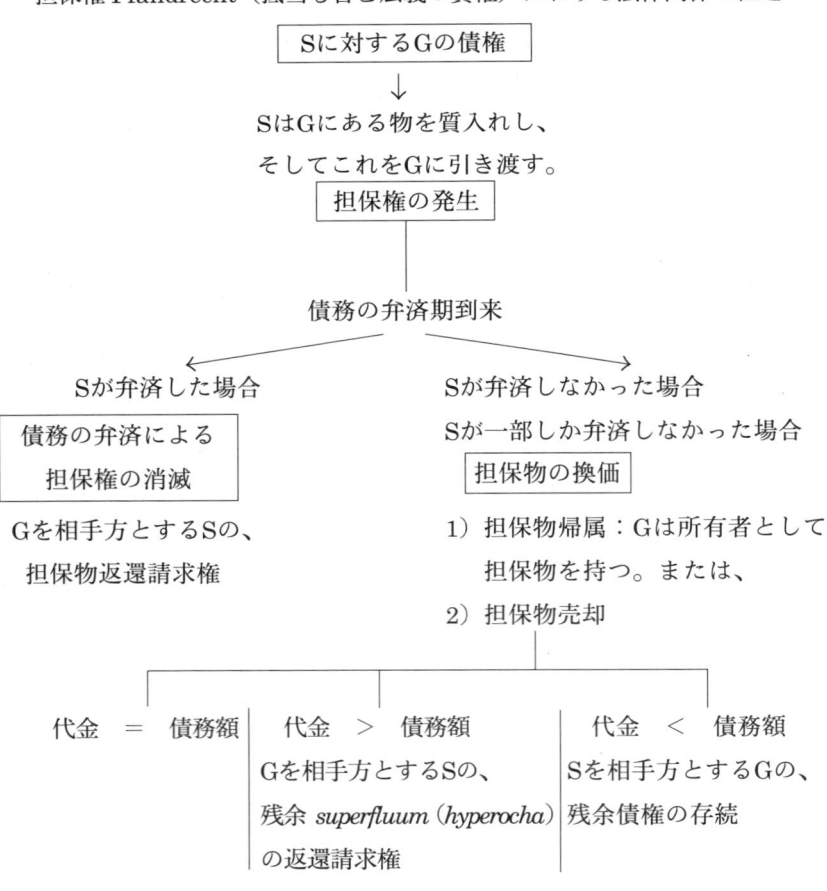

```
         ┌─────────────────┐
         │  Sに対するGの債権  │
         └─────────────────┘
                  ↓
         SはGにある物を質入れし、
         そしてこれをGに引き渡す。
         ┌─────────────┐
         │  担保権の発生  │
         └─────────────┘
                  ↓
              債務の弁済期到来
         ↙                    ↘
   Sが弁済した場合          Sが弁済しなかった場合
 ┌──────────────┐         Sが一部しか弁済しなかった場合
 │ 債務の弁済による │         ┌─────────────┐
 │  担保権の消滅   │         │  担保物の換価  │
 └──────────────┘         └─────────────┘
  Gを相手方とするSの、      1）担保物帰属：Gは所有者として
   担保物返還請求権              担保物を持つ。または、
                           2）担保物売却
```

代金 ＝ 債務額	代金 ＞ 債務額	代金 ＜ 債務額
	Gを相手方とするSの、	Sを相手方とするGの、
	残余 *superfluum* (*hyperocha*)	残余債権の存続
	の返還請求権	

担保権は、他人の物に対する制限物権であり、その目的は、被担保債権のために、場合によりこの物から満足を得ることにある。

債務者は、原則として、債務者自身がその財産をもって債務に対して責任を負う。この責任は、例えば債務者が無資力の場合を考えれば、債権者に十分な保証を与えるわけでは必ずしもない。したがって、保証人の設定（人的担保）や担保権設定（物的担保）を用いれば、これを補う保証が得られることになる。

担保権は、これを留置権と区別する必要がある。留置権とは、債務が弁済されるまで、債権者によって行使される、債務者から受け取った目的物を留置する権利をいう。しかし、留置権には、物から満足を得る権利は含まれない。すなわち、**担保権**には**担保的作用**と**弁済的作用**があるのに対して、留置権には担保的作用しかなく、弁済的作用はないのである。

第1節　担保権の諸原則

(1) 附従性の原則

担保権は被担保債権に附従する権利である。つまり、担保権の存在は、当該債権が有効に存在することに結びついている。例えば、

- もし被担保債権が存在しなければ、担保権もまた存在し得ない。
- もし被担保債権が消滅したならば、担保権もまた消滅する。

(2) 特定の原則

担保権の及ぶ対象は、特定の債権のための、特定された目的物である。

ローマ担保権法においては、**特定の原則は実現されていない**。すなわち、債務者の総財産を対象とする一般抵当権がしばしば行われた。これによって他の債権者の立場は著しく不利なものとなる。結果としてしばしば、その財産が一般抵当権に入れられている人は、信用を得ようとしても債権者を見つけることが困難となる。

一般抵当権は、法律行為によって設定することができたが、ローマ法には、**法定の一般抵当権**も存在した。例えば、

- 後見の清算に基づいて発生した債権を担保するために、未成熟者が有する、後見人の財産に対する一般抵当権
- 嫁資返還を求める債権を担保するために、妻が有する、夫の財産に対する一般抵当権

　一般抵当権がもたらす信用阻害の作用は、これらの抵当の多くがさらに加えて順位の特権を持つ、つまりそれ以前に設定された担保権にさえ優先することによって、さらに増大された。

(3) 公示の原則

　ある物に担保権が設定され、担保権が存在することは、対外的に第三者にとって認識可能であるべきである（取得者およびさらなる債権者の保護）。公示は、近代法においては、動産の場合には占有質原則（担保物は実際に債権者に引き渡されなければならず、占有改定では不十分である）によって、不動産の場合には土地登記簿によって保証されている。

　ローマ担保権法においては、**公示の原則は実現されていない**。一方で土地登記簿が存在しなかったし、他方で非占有質も完全に認められていたからである。ただ信託において、握取行為が用いられることで一定の公示が存在したに過ぎない。

　公示の原則へと至る萌芽としては、ようやくレオ帝のもとで（紀元後472年）、公示された担保権は単なる私文書によりまたは無方式で設定された担保権に優先するということが見られる。

(4) **責任不可分の原則**（*pignorum causa est indivisa* 質権の性質は不可分である）

　原則として、担保物の全部は債権全額を担保する。債権が一部弁済されたとしても、あるいは（相続により）数人の債権者に分割されたとしても、この状況に変わりはない。逆に、担保物分割（例えば質入れされた土地が遺産分割の結果、数人に分割された）後は、各部分が債権全額を担保する。

(5) 順位優先の原則

同一物が複数回質入れされた場合には、担保権を最初に設定した者に優先弁済権が与えられる（*prior tempore - prior iure* 時において早ければ権利においてより強い）。

ローマ法には、順位優先の原則を打ち破るものが存在した。すなわち、**特権を付与された質権**および**抵当権**は、時間的にそれより早くに設定された担保権にさえも優先した（優先特権）。このような優先特権は、例えば以下の場合に存在した。

- 国庫の債権
- 嫁資に関して妻が夫の財産に対して有する一般抵当権

(6) 他物権（*ius in re aliena*）であること

担保権は他人の物に対する権利である。

(7) 物権であること

担保権者は、担保権設定者のみならず万人に対して自己の権利を主張することができる。したがって、もし担保物が第三者の手に帰したならば、担保権者は弁済を目的として返還を請求することができる。また、債務者が担保物を譲渡したならば、取得者は担保権の対抗を受けなければならない立場におかれる（"*res transit cum sua causa*"「物はその性質とともに移転する」）。

(8) 制限物権であること

担保権は原則として担保物から弁済を受ける権利を与えるだけであって、（例えば役権の場合のような）使用または収益の権利を付与するものではない。もっとも、特段の取決によって使用または収益を認めることは可能である。

【注意】ローマ法における最古の担保権制度、すなわち信託 *fiducia*（譲渡担保）の場合には、債権者は担保物に対する所有権（すなわち制限物権ではない）を取得するが、その内部関係においては信託約款 *pactum fiduciae* による拘束を受ける。

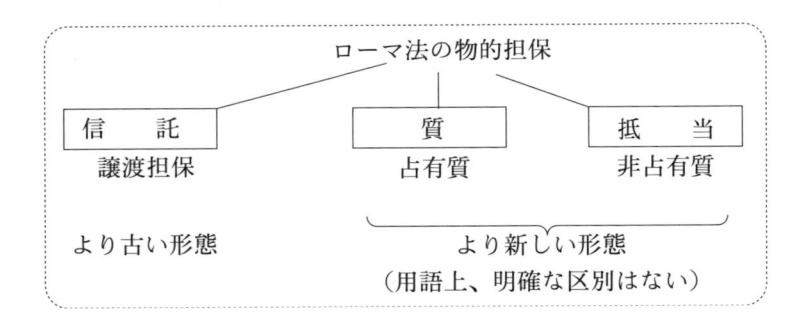

```
            ローマ法の物的担保
       ┌────────┼────────┐
    信 託      質         抵 当
    譲渡担保    占有質      非占有質

    より古い形態      より新しい形態
              （用語上、明確な区別はない）
```

第2節　信託

ローマ法において信託には2つの形態が存在した。
① 友人と締結された信託：信託約款において詳細に規定された目的（例えば物の確実な管理）のために、信頼のおける人物に物を譲渡する場合
② 債権者と締結された信託：貸付金の担保として物が譲渡される場合、つまり譲渡担保

譲渡担保においては、次図の経過をたどることになる。

受託者は担保として交付された物の所有者となり、対外的に、担保物から導かれるすべての権限を持つ。とりわけ受託者は、債務の弁済期が到来する以前であっても、担保物を第三者に有効に譲渡することができる（受託者にとって法的に可能な行為は法的に許される行為を上回る）。そのような場合に、信託者には不誠実な受託者を相手方とする信託訴権 *actio fiduciae* しかなく、他方で第三者を相手方としては物権に基づく訴えを提起することができない。

債務が弁済された場合には、債権者は信託約款 *pactum fiduciae* に基づき所有権の再譲渡義務を負う。

最初は、換価は担保物の帰属という形で行われた。すなわち、債権者は単純に所有者として引き続き担保物を保有した。

換価の比較的新しい形態は、売却および売却代金からの弁済である。この場合には、債務額を上回る残余は債務者に返還されなければならない。当初は、売却は固有の付随的取決（売却約款 *pactum de vendendo*）に基づいていたが、

第5章　担保権　103

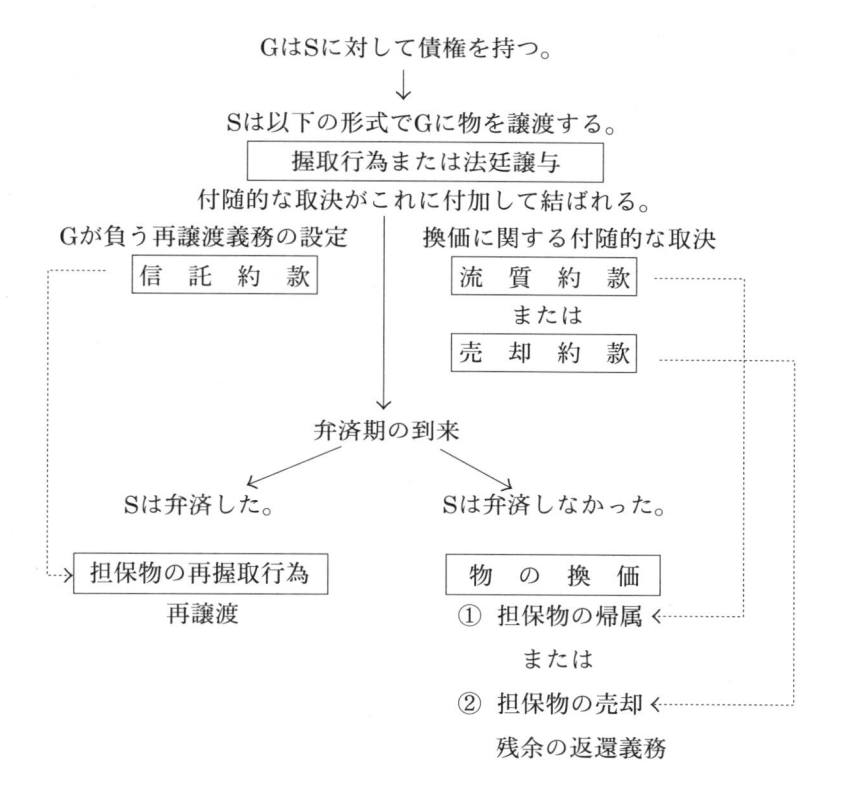

```
                GはSに対して債権を持つ。
                         ↓
              Sは以下の形式でGに物を譲渡する。
                ┌─────────────────┐
                │ 握取行為または法廷譲与 │
                └─────────────────┘
              付随的な取決がこれに付加して結ばれる。

   Gが負う再譲渡義務の設定       換価に関する付随的な取決
    ┌─────────┐              ┌─────────┐
    │ 信 託 約 款 │              │ 流 質 約 款 │
    └─────────┘              └─────────┘
                                  または
                              ┌─────────┐
                              │ 売 却 約 款 │
                              └─────────┘

                         ↓
                      弁済期の到来
                     ↙         ↘
             Sは弁済した。      Sは弁済しなかった。

    ┌─────────────┐        ┌─────────────┐
    │ 担保物の再握取行為 │        │ 物 の 換 価 │
    └─────────────┘        └─────────────┘
          再譲渡                ① 担保物の帰属 ←
                                  または
                                ② 担保物の売却 ←
                              残余の返還義務
```

この付随的取決は古典期においては非常に一般的なものとなり、その明示的な表現形式を放棄することが許された。すなわち、今や取決がなくても売却許可が発生した。債権者は所有者として第三者に有効に所有権を譲渡できることを考えよ。

1) 使用取戻 *usureceptio*：信託者による担保物の取戻的取得時効

使用取戻は、善意および権原が要求されないので、取得時効の形式としては要件が緩やかである。信託者は、担保物を占有し続ける場合には（【注意】握取行為は占有の移転が伴わなくても実行可能である）、担保物を取得時効により取り戻すことができる。

・債務の弁済後

- 債務の弁済前　この場合には特別な要件の下でのみ可能（例えば信託者の占有は、債権者が認めた容仮占有に因るものであってはならない）。

2）信託における法的保護

① 本権の訴えによる法的保護：所有者として受託者には所有物取戻訴権が帰属する。
② 占有訴権による法的保護：受託者が占有も得ていた限りにおいて（握取行為は占有の移転なしでも行うことができるので、常にそうだというわけではない）、受託者には占有保護の特示命令が帰属する。
③ 信託者と受託者との間の債権関係に基づく法的保護

信託直接訴権 *actio fiduciae directa*：信託者が受託者を相手として訴えるための訴権であり、その目的は、
- 債務が弁済された場合の担保物の再譲渡
- 売却がなされた場合の残余の返還
- 義務に反した売却がなされた場合の損害賠償
- 担保物毀損の場合の損害賠償

を求めることにある。この訴訟においては、信義誠実が判断基準の基礎となる。さらに、この訴訟は破廉恥の効果を発生させる。

信託反対訴権 *aticio fiduciae contraria*：受託者が支出した費用の償還を求めるための反対訴権

第3節　担保権

(1) 質と抵当

　信託の場合には、債権者は無制限の物権、すなわち所有権（したがって担保目的以上の権利）を譲渡により取得する。これに対して、質および抵当の場合には、制限物権、すなわちその内容が担保目的に限られている担保権が発生するだけである。質においては、占有の移転が同時に行われて担保権が発生する（占有質）。抵当においては、占有の移転なしに担保権が発生する（非占有質）。

> 【注意】今日の用語法においては、抵当 Hypothek とは非占有質を意味する。ローマ法においては、*pignus* と *hypotheca* との間に厳密な用語上の区別はないことに注意する必要がある。ときに占有の移転を伴わずに質入れされた物が *res obligata*（担保の設定された物）と、占有移転の下に質入れされた物が "*res pignori data*"「質 *pignus* として交付された物」と表現されることがある。

(2) 担保権の発生

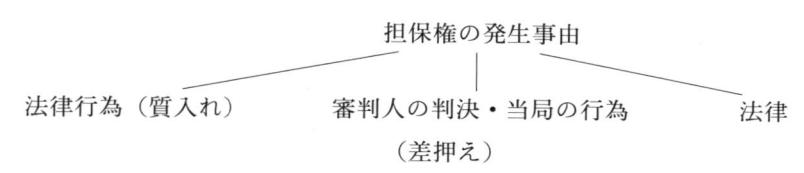

```
              担保権の発生事由
    ┌──────────────┼──────────────┐
法律行為（質入れ）  審判人の判決・当局の行為        法律
                   （差押え）
```

1) 法律行為に基づく担保権（*pignus voluntarium*）

以下の要件の下に、法律行為に基づく担保権が発生する。

① 被担保債権の存在（附従性の原則）

② 担保物に対する担保権設定者の権限

　　この場合、ローマ法は——質訴権の文言から推測するに——担保権設定者の市民法上の所有権ではなくて**法務官法上の所有権** *in bonis esse* を要求した。

> 【注意】担保権設定者は必ず被担保債権の債務者でなければならないというわけではなく、自らは当該債務について責任を負わない第三者もまた担保権を設定することができる。この場合には、人的債務者と物的債務者とが別々に存在することになる。

③ 担保権設定契約：担保権発生を目的とする、物権法上の処分行為

　　　　質入れの方法としては以下の2つがある。

同時の占有移転を伴う場合	占有の移転を伴わない場合
・この場合には、質権のみならず、質入れした者と質物を受け取った者との間に債権法上の契約もまた発生する（要物契約としての質）。	例えば、農地の賃借人が賃料の担保として、彼が持ち込んだ物（**持込物** *invecta et illata*）を賃貸人に質入れする場合である。賃借人は、

| ・質権者は占有訴権付占有者として保護を受けることになる。 | 持込物を農作業のために必要とするので、占有し続ける必要がある。 |

明示的に担保権設定を目的とする意思表示によって担保権が発生する場合の他に、いわゆる黙示的に発生する担保権（*pignus, quod tacite contrahitur, pignus tacitum* 黙示的に締結される質、黙示の質）が存在した。ここでもまた、質入れが頻繁に行われ、一般的なものとなったために、結局担保権設定の明示的な意思表示がもはや要求されなくなったという、展開過程を考察することができる。

非占有質（概観）

適用領域	農地の賃貸借	都市における住居の賃貸借
被担保債権	小作料	家賃
担保物	a）**持込物** 設定は明示的に行われる。 b）賃借人が収穫した**果実** 設定は黙示的に行われる。	**持込物** 設定は黙示的に行われる。

2）審判人による担保権（*pignus iudiciale*）

・古典期：方式書訴訟手続においては、正規の執行手続としては総財産に対する執行（破産）しか存在せず、債務者の個々の財産を差し押さえて換価する方法はなかった。

・後古典期：ようやく後古典期の特別訴訟手続において個別執行が登場し、その際債務者の財産の差し押さえも行われた：*pignus in causa iudicati captum* **判決債務のために徴収された質**。

法務官による占有付与（*missiones in bona* 財産差押、*missiones in possessionem* 占有付与）が媒介する地位は、**法務官による質権**（*pignus praetorium*）と表現された。質権とは反対に、この場合には、付与を受けた者は通常所持者となるにすぎず、また売却権を持たない。

 例）・財産保全のための財産差押 *missio in bona rei servandae causa*（執行可能な債権の債権者に対する、債務者の財産の占有付与）

  ・第1回の裁定による占有付与 *missio in possessionem ex primo de-*

creto（未発生損害担保問答契約の締結拒否の場合）
- 遺贈物保全のための占有付与 missio in possessionem legatorum servandorum causa 条件または期限付遺贈の受遺者は、相続人が担保の提供を拒否する場合、相続財産中の目的物の占有を付与された。

3）法定担保権

法定担保権とは、法律の効力によって直接発生する担保権をいう。ローマ法におけるそれは、そのほとんどが非占有質権（法定抵当権）であった。

> 【注意】（推測される当事者意思に基づく）黙示の担保権と法定担保権との間の線引きは、しばしば困難である。例えば、使用賃借人の持込物に対する賃貸人の担保権は、ローマ法では黙示の担保権として構成されているが、今日では、それは法定担保権である（§1101 ABGB［日本民法311条1号（不動産賃貸の先取特権）参照］）。

ローマ法における法定担保権は、特定担保権としても、また一般抵当権としても発生するが、後者の方が頻繁に見られる。

法定特定担保権の例

被担保債権	対象となる目的物	法律上の根拠
住宅の修繕を目的とする金銭貸付による債権	修繕された住宅（insula）	マルクス・アウレリウス帝治下の元老院議決
未成熟者の賠償債権	後見人が未成熟者の金銭によって取得した物	セウェールス、アントニーヌス両帝の勅法

法定一般抵当権の例

被担保債権	対象となる目的物	法律上の根拠
国庫の租税に関わる債権および契約上の債権　参照、ヘルモゲニアーヌス D.49,14,46,3 "fiscus semper habet ius pignoris"「国庫は常に質権を持つ」	国庫の債務者 debitor fisci の財産	古典期後期の皇帝立法
後見の執行に基づき、後見人に対して未成熟者が有する債権	後見人の財産	コンスタンティーヌス帝の勅法

嫁資返還を求める妻の債権	夫の財産	ユースティーニアーヌス帝の諸勅法
通常到来財産 bona adventicia regularia の管理に基づき、父に対して子が有する債権	父の財産	
受遺者の債権	相続財産から遺贈義務者が取得したすべての財産目的物	

(3) 担保権の消滅

担保権は以下の原因により消滅する。

① 被担保債権の消滅（附従性の原則）

それが占有質である場合には、債権者は質物を返還する義務を負う。質入れした者は、質契約に基づいて、返還を求める対人質訴権を持つ。

> 附従性の原則の希薄化を伴う特殊事例の1つが、いわゆる**ゴルディアーヌスの質** *pignus Gordianum* である。これは、債権者Gが債務者Sに対して、もし質権により担保されている債権の他になお債権を有するならば、被担保債権弁済後もなお、引き続いて質物を留置することができるというものである。この**留置権**は、古典期後期の証書慣行において発展したもので、訴訟上は、〔質物〕返還を求める訴え（S→Gの対人質訴権）に対して、Gに悪意の抗弁が付与されることによって保護が与えられた。ゴルディアーヌス帝は紀元後239年の勅答においてこの制度を認めた。

② 担保物の滅失

③ 混同　担保権と所有権とが（例えば相続の結果）同一人に帰属した場合に、混同が生じる。

④ 債権者による担保権の放棄　例えば、債権者が担保物を無条件で返還した場合、債務者による売却に無条件で同意した場合である。

⑤ 長期間の前書（古典期後期から）　すなわち善意の取得者による、担保権の負担のない状態の取得時効

⑥ 担保物の換価

(4) 担保権の客体
有体物（例えば花瓶、土地、奴隷）であれ、また無体物（特に権利）であっても担保権の目的物とすることができる。
1) 有体物に対する担保権
　ここでは、個々の物それ自体は当然として、以下の物もまた目的物となりうる。
- 物に対する観念的持分　例えば共有者の1人が持分を担保に入れる場合。
- 集合物　例えば倉庫の商品、家畜群
- 代替物　例えば穀物、金銭

> 代替物が担保に入れられた場合、質権者は交付された物の**所有者**となる。質権者は、同一物ではなくて、同種・同等・同量物を返還する義務を負うにすぎない（**不規則質**、例えば保証金の支払い）。

2) 無体物に対する担保権
- 土地役権、用益権、永借権に対する担保権
- 担保権に対する担保権　転質 *pignus pignoris*
- 債権に対する担保権　債権質 *pignus nominis*

(5) 担保権の効力

担保権の内容（概観）

	占 有 質	非占有質
債務の弁済期が到来するまでの期間（担保段階）	① 担保物の占有 ② 担保物の使用および収益	③ 設定者の処分権の制限
債務者による弁済が滞った後の期間（弁済段階）		④ 担保権者による占有の取得
	⑤ 担保物から弁済を受けること（担保物の換価）	

1) 担保物に対する占有

占有質においては、担保権者は占有訴権付占有者となり、占有保護を受ける。

万人を相手方として主張可能な、占有に対する権利、すなわち本権の訴えを用いて誰からも物の返還を請求することのできる権限は、初めから存在したのではなく、法的保護の展開過程の中でようやく出現するに至った（セルウィウス訴権、準セルウィウス訴権＝対物質訴権、物権法上の質訴権）。

担保権設定者が担保権者から担保物を盗んだ場合には、設定者は**自己の物の窃盗** *furtum rei suae* を犯したことになる。

2) 担保物の使用と収益

原則として、担保権者は担保物の占有についてしか権限を持たず、その使用、収益については権限を持たない。もし担保権者が、設定者との明示の合意がないのに物を使用したならば、使用窃盗を犯したことになる。

果実を生む物が質入れされた場合には、しばしば以下の合意が行われた。

- **アンティクレーシス** *antichresis* ＝用益質　債権者は果実を受け取ることができる。しかし果実は利息、そして次に元本に充当計算される（Totsatzung〔担保物が債務を〕殺す〔償却する〕質）。
- **黙示のアンティクレーシス** *antichresis tacita*　無利息債権のために、果実を生む物が質入れされたときは、債権者は特段の取決がなくても利息の代わりに用益し果実を受け取ることができた。この構成によって、利息制限法も回避することが可能であった。

3) 担保権設定者の処分権の制限

担保権設定者でありかつ所有者であるAは、物をBに質入れしたことによって、その物に対する処分権について制約を受けることになるのであろうか。

制約を受けないとすれば、以下の結果となる。	制約を受けるとすれば、以下の結果となる。
Aは、例えばその物をさらにCに譲渡することができる。すなわち、Cは、Aから譲渡さ	Aは、例えばその物をさらにCに有効に譲渡することができない。

れた物の所有者となるが、Bが有する（物権としての）担保権の主張を当然認めざるを得ない。　すなわち、Cは所有者とはならず、依然としてAが物の所有者である。

　この処分権の制限に関する問題は、古典法の時代に争いがあった。これに対して、後古典期には、担保物の譲渡可能性は明確に確保された。

　担保権設定者の処分権の制限を巡る問題は、実務上は非占有質の場合にしか生じない。占有質の場合には、担保権設定者である所有者はもはや物を持っていないのであり、この状況だけからしても、処分の準備をし、着手することを妨げているからである。

4）抵当権者による占有の取得

　非占有質によって担保されている債権が弁済されなかったときは、抵当権者は、そこから弁済を受けるために担保物の占有を取得しなければならない。そのために、以下のいくつかの法的保護手段を用いることが、段階を経ながら可能になった。

- 農地の賃貸借におけるサルウィウスの特示命令 *interdictum Salvianum*

    都市の使用賃貸借における差押権 Perklusionsrecht（自力による差押え）

- 農地の賃貸借におけるセルウィウス訴権 *actio Serviana*（この訴権は、サルウィウスの特示命令とは異なり、初めて占有を取得するためだけではなく、失った占有の回復にも用いることができた。）

- 準セルウィウス訴権 *actio quasi-Serviana*　セルウィウス訴権の適用範囲を拡張したもので、農地の賃貸借の場合みならず、すべての担保権に適用可能

5）担保物からの弁済

弁済を受ける方法としては、以下の2つがあり得る。

①　担保物帰属　　　　　　　　②　担保物売却

担保物は債権者の所有に帰す。　質権者は担保物を売却し、そ

歴史的により古い換価方法　　　歴史的により新しい換価方法　の代金から弁済を受ける。

① 担保物帰属

担保物帰属は、質入れに際して当事者が締結した取決、いわゆる**流質約款** *lex commissoria* に基づいている。この約款によって、債務が弁済されなかった場合に担保物が債権者に帰属すべきこと、すなわち債権者が所有権を取得すべきことが定められた。

流質約款は、コンスタンティーヌス帝によって禁止された（§ 1371 ABGB も参照）。禁止の理由は、信用を求める債務者がさらされる搾取の危険にある。つまり、債務者は、しばしば、被担保債権額をはるかに上回る価格の物を質入れすることを余儀なくされたからである。

② 担保物売却

担保物売却も、最初は、明示的に表現された付加的取決、**売却約款** *pactum de vendendo*（*pactum de distrahendo* 売却約款）に基づくものであり、この約款によって、債務が弁済されなかった場合に担保物を売却する権限が設定者によって債権者に付与された。その後、この取決は頻繁に行われるようになり、その結果、明示的な約款がなくても担保権者には売却権限があるものとみなされた。

> 【注意】担保権者は非所有者として売却するが、処分権 *potestas alienandi* を付与されているので、買主は所有権（非手中物については市民法上の所有権、手中物については法務官法上の所有権）を取得する。これによって担保権は消滅する。

債務者になお担保物を請け戻す機会を与えるために、売却は債務者に通告されなければならない。ユ帝においては、売却までの間に2年の期間をおくこと、また3回の通告を義務づけたことによって、売却は著しく困難なものとなった。

売却により余剰金が出たときは、担保権者はこの**残余** *superfluum*（*hyperocha*）を担保権設定者に返還しなければならない。売得金が債権を満たさなかったときは、その限りで債務者の人的責任が存続する。

もし買主が見つからなかったならば、皇帝の裁可を得て担保権者に所有権が付与され得た（*impetratio dominii* **懇願による所有権の取得**）。

(6) 担保権における法的保護

1) 占有訴権による法的保護

　占有質の場合には、担保権者は占有訴権付占有者であり、占有保護を受ける。

2) 本権の訴えによる法的保護

　本権の訴えによる法的保護についてはいくつかの発展段階を考察することができる。

第1段階

適用領域	法的保護手段	手続における相手方	手続の目的
農地の賃貸借	**サルウィウスの特示命令** *interdictum Salvianum*	賃借人（小作人）＋（第三者？）	持込物 *invecta et illata* に対する初めての占有取得
都市の使用賃貸借	賃貸人による自力差押え	賃借人（借家人）	持込物に対する初めての占有取得

差押えに対抗する保護手段として、賃借人に与えられたもの

	引越の特示命令 *interdictum de migrando*	賃貸人（家主）	賃料支払後の差押物の解除

第2段階　本権の訴えの導入

農地の賃貸借	**セルウィウス訴権** *actio Serviana*	賃借人（小作人）＋　第三者	初めての占有取得 失われた占有の回復

第3段階　適用領域の拡張

すべての担保権	**準セルウィウス訴権** *actio quasi Serviana* ＝抵当訴権		初めての占有取得

| すべての担保権 | *actio hypothecaria*
＝質物取戻訴権
vindicatio pignoris
＝**対物質訴権**
actio pigneraticia
IN REM | 質債務者
＋　第三者 | 失われた占有の回復 |

3）担保権設定契約による法的保護

　担保権者の物権的保護についてはすでに 2）のところで述べた（対物質訴権）。物権としての担保権と債権法上の義務とは区別しておく必要がある。後者は担保権設定者（質入れした者）と債権者（担保権者）の間での占有質の展開において発生する義務である。この義務は、対人質訴権を用いて強制される。

① （対人）質直接訴権 *actio pigneraticia* (*in personam*) *directa*

　　この訴権は、質権者（債権者）を相手方として質権設定者に帰属し、以下の請求を目的とする。

・被担保債権が弁済された場合の質物の返還
・損害賠償　物が毀損され、あるいは失われたとき、場合によっては発生する。質権者は注意深い保管について責めを負う（保管責任 *custodia*）。
・質物が売却された場合の残余の返還

② （対人）質反対訴権 *actio pigneraticia* (*in personam*) *contraria*

　　場合によっては、質権設定者を相手方として質権者（債権者）に反対訴権が帰属する。請求目的は以下の通り。

・質権者が質物に対して支出した費用の賠償
・一定の事情の下での損害賠償

（以上については『債権法講義』182 〜 185 頁も見よ）。

　担保権における物的、および人的な法的保護の概観を示すならば、以下の通り。

　なお、対物質訴権は、質物取戻訴権（*vindicatio pignoris*）、準セルウィウス訴権（*actio quasi Serviana*）および抵当訴権（*actio hypothecaria*）という名称で呼ばれることもある。

対人質訴権 *a. pign. in personam*	対物質訴権 *a. pign. in rem*
（質権設定に基づいて発生する債権法上の訴権）	（物権法上の質訴権）

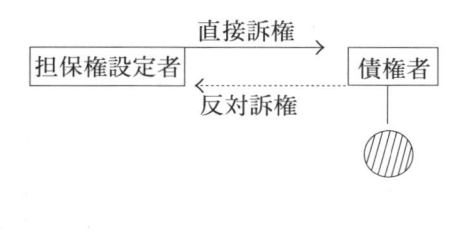

```
         直接訴権
担保権設定者 ─────→ 債権者        担保権設定者 ←───── 債権者
         ←─────                              │
         反対訴権                              ↓
                                           第三者
```

直接訴権：質権設定者に帰属
　　　　（返還、損害賠償、残余）

反対訴権：質権者＝債権者に帰属
　　　　（費用償還、損害賠償）

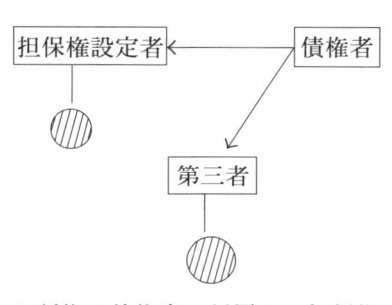

この訴権は債権者に帰属し、担保権設定者のみならず、物権法上の訴権として何人に対しても行使し得る。請求内容は、

- 占有していなかったときの占有取得の請求
- 占有を失ったときの占有回復の請求

(7) 数個の担保権設定

例）債務者Sは3月1日に債権者Aから4.000を借り入れ、占有を移転することなく、ある物をAに質入れした。Sは4月1日に債権者Bから10.000を借り入れ、同じ物をBに質入れした。Sは5月1日に債権者Cから6.000を借り入れ、同じ物をCに質入れした。Sは6月1日に債権者Dから1.000を借り入れ、同じ物をDに質入れした。

数個の担保権設定は、複数の債権者への同一物の（大抵は占有の伴わない）担保権設定である。

1) 数個の担保権設定に対するローマ法の態度

ローマ法は、すでにAに質入れされた物をさらにまたBに質入れすることができるかどうかという問題において、以下の展開を見た。

第1段階　数個の担保権設定は不可能である。
　信託 *fiducia*　所有権は一度限りでしか（すなわちAに）移転することができない。続いて行われたBへの握取行為は、Bを所有者にはしない。債務者Sはもはや所有者ではないからである。
　帰属質　第1番目の担保権者Aは、いわば停止条件付きの所有権を取得する。Bへの質入れはこれに反することになるであろう。
第2段階　Bへの質入れは停止条件付きの担保権設定である。
　Bの担保権は、Aの担保権が（例えば債務者の弁済により）消滅してはじめて発生する。
第3段階　Bの担保権が無条件で発生することが認められる。
　Aの担保権と並んで、B（そしてさらにC、D）の担保権も最初から存在し得る。

　数個の担保権設定の承認は、本権の訴えにおいて以下の形で姿を現す。
　対物質訴権は、担保権者全員に帰属する。この訴権により担保権者は、以下の者を相手方として自己の権利を主張することができる。
　・第三者
　・後順位の担保権者　しかし先順位の担保権者を相手方とすることはできない。
　例）Bは、上述の事例において、第三者を相手方として、またC、Dを相手方としては勝訴することになろうが、Aを相手方としては勝訴できない。Aには、**先に自己に質入れされた**物の抗弁 *exeptio rei ante sibi pigneratae* が付与されることになろう。
　担保権の順位はその発生時を基準とする。時において早ければ権利においてより強い *prior tempore, potior iure*（順位優先の原則）。

A	第1順位	4.000
B	第2順位	10.000
C	第3順位	6.000
D	第4順位	1.000

2) 数個の担保権設定における債権者の満足

売却権 *ius vendendi* は、ローマ法においては第 1 順位の債権者にしか帰属しなかった。第 1 順位の債権者はまずは自らが代金から満足を得て、生じた残余は順位の順番に従って後順位の抵当権者 B、C、D の満足のために用いられる。さらになお残余あるときは、債務者 S に返還されなければならない。

第 1 順位	A	4.000
第 2 順位	B	10.000
第 3 順位	C	6.000
第 4 順位	D	1.000

例えば、A は売却して、

23.000 の代金を得た。　　　　　　11.000 の代金を得た。

これにより以下の分配が行われることになる〔金額を記入しなさい〕。

A	4.000		A	....
B	....		B	....
C	....		C	得るところなし
D	....		D	
S	....			

訴訟上、後順位の抵当権者 B、C、D は A を相手方とする訴権によって保護される。この訴権の法的性質（セルウィウス訴権を手本としたのか、それとも対人質訴権を手本としたのか）は争われている。

【注意】担保物の売却によって、原則、すべての担保権が消滅する。すなわち買主は負担を負うことなくその物を取得する。このことは、右側の事例では次のことを意味する。B、C、および D の担保権は、何ら満足が得られないまま、あるいは十分な満足が得られないまま、消滅する（もちろん、S に対する彼等の債権は存続する）。

3) 継承権と提供権 *ius succedendi et offerendi*

各後順位抵当権者は、第 1 順位の債権者に満足を与えて、弁済されたその債権額において代わってその地位に就く権利を持つ。

例）上記右側の事例において発生する不都合な結果を避けるために、例えば

Cは、Aに満足を与えて、その限りで代わってAの地位に就くことができる。Cはこれにより以下の権利を受け取る。

- 4.000 の額での第 1 順位
- 第 1 順位に結びついている売却権、および自ら（そしてAよりも上手に）売却し、そして代価を得る可能性。この代価は、第 3 順位の彼の債権もカバーするか、一部カバーすることになる。「飛ばされた」Bの地位が悪くなることにはならない。

さてCが代金として以下の金額を得たならば、

| 20.000 | | 17.000 |

以下の分配が行われることになる。

C	4.000	C	4.000
B	10.000	B	10.000
C	6.000	C	3.000
D	無し	D	無し

4）順位上昇権

先順位の担保権が消滅すれば、後順位の担保権が繰り上がる（質順位流動の原則）。

例）　第1順位　　A　　　　　　　　　　　　　　　第1順位　　B
　　　第2順位　　B　　——Aの担保権は債務の弁→第2順位　　C
　　　第3順位　　C　　　　済により消滅　　　　　第3順位　　D
　　　第4順位　　D

【注意】ローマ法は、所有者が債務の消滅にもかかわらず、後で貸付を受けるためにその担保権の順位（例えば第 1 順位）を空けておくという可能性を知らない（これと異なるものとして、例えば § 469 ABGB：処分権、§ 58 GBG：順位の留保）。

5）優先特権

いくつかの担保権には以下の特権が認められている。他の担保権に、しかもたとえそれが後に発生したものであったとしても、順位において優先されるという特権である（順位優先の原則の例外）。

ローマ法における優先特権を有する担保権の例
- 物に対する費用支出（物への利益転用 versio in rem）から生じた債権のための担保権。例えば、修繕のための貸付金債権。法定担保権である住宅質 pignus insulae（住宅修繕のための貸付金について発生する担保権）もこれに入る。
- その租税債権のための、国庫 fiscus の法定一般抵当権（国庫の契約債権のためには法定一般抵当権が存在したが、優先特権は確保されていなかった）。
- 妻の、嫁資返還債権のための法定一般抵当権。

担保権の「日付を遡らせる」という厄介な事情と闘うために、レオ帝（紀元後472年）は、以下の証書により設定された担保権は、他の、要式に従わないで設定された担保権すべてに対して、順位において優先することを定めた。
- 公正証書 instrumentum publicum
- 準公正証書 instrumentum quasi publicum（3名の証人関与の下での証書作成）

オーストリア民法引用条文

ABGB: Allgemeines bürgerliches Gesetzbuch
第2篇　物の法について
　　物及びその法的分類について
　第285条　人とは区別され、人間の使用に役立つものはすべて、法的な意味において物と呼ばれる。
　第1章　物権について
【第1節　占有について】
　第309条　物を自己の権力 Macht または支配 Gewahrsam の下におく者は、その物の所持者と呼ばれる。所持者は、自己の物として所持する意思を持つとき、その物の占有者である。
　第318条　物を自己の名においてではなく、他人の名において所持する者は、この物の占有取得に関して未だ何らの正当原因も有しない。
　第319条　物の所持者は、所持原因をその一存で変更し、これにより権原を有すると言い張る権利を有しない。これに対して、これまで自己の名において適法に物を占有していた者は、その占有権を他人に譲渡し、以後その物を他人の名において所持することができる。
　第343条　物権の占有者が、現に存在する他人の建物またはその他の物がすぐにも倒壊しそうな状態にあり、自己に明らかに損害を与えるおそれがあることを証明した場合には、すでに行政当局が十分に公共の安全を配慮しているわけではない限り、裁判により担保の設定を要求することができる。
【第2節　所有権について】
　第367条　動産の善意占有者が公の競売において、またはこの取引について資格を有する営業主から、または原告自身が使用、保管あるいは何であれその他の意図でその物を託した者から対価を払って、当該の物を取得したことを証明したときは、この善意占有者を相手方とする所有権訴訟は成立しない。この場合において、所有権は善意占有者によって取得され、従前の所有者は、彼に対して責めを負う者を相手方として損害賠償を求める権利を有するにすぎない。
【第3節　無主物先占 Zueignung による所有権の取得について】
　第380条　権原及び正当な取得様式がなければ所有権を取得することはできない。
　第381条　無主物については、これを占有する権原は生得の自由にある。取得様式は、自

の物として扱う意図をもって無主物を我が物とするところの無主物先占である。

【第4節　成長Zuwachsによる所有権の取得について】

第405条　土地の天然果実、すなわち加工されることなく土地が産出する利益、例えば草木、茸等は、土地の所有者に帰し、また動物から生じる利益はすべて動物の所有者に帰する。

第422条　土地所有者は誰でも、他人の樹木の根を自己の土地から切除し、地上空間にぶら下がる枝を伐採し、またはその他利用することができる。

【第5節　引渡による所有権の取得について】

第425条　権原だけではいまだ所有権は付与されない。所有権、そしてそもそもすべての物権は、法律に定めがある場合の他は、法的な引渡と受取によってしか取得することができない。

【第6節　担保権について】

第469条　債務の弁済により質権は終了する。しかし、質権設定者は、質物が同時に彼に返還されることの引き替えとしてしか債務の弁済を義務づけられることはない。抵当権が終了するためには、債務の弁済だけでは不十分である。抵当物は、債務が公簿から抹消されるまでは、責めを負わされたままの状態にある。それまでの間に、抵当物の所有者は受取証書またはその他の被担保債務の消滅を記した証書に基づいて、登記された被担保債権の額を超えない限りにおいて、当該担保権を新たな債権に転用することができる。

【第7節　役権について】

第509条　用益権Fruchtnießungとは、物の実質を大切にして、何らの制約なしに他人の物を使用収益する権利である。

【第16節　所有権及びその他の物権の共有について】

第833条　共有物の占有及び管理は、共有者全員に全体として帰属する。主要部分の通常の管理及び利用にのみ関わる案件においては、過半数で決定する。過半数とは、共有者の人数ではなくて持分の割合に従って計算される。

第2章　人的な物の法について

【第24節　売買契約について】

第1053条　売買契約により目的物は一定額の金銭を代価として相手方に譲渡される。売買契約は、交換と同様に、所有権取得原因の一つである。売買目的物が引き渡されてはじめて、取得が生じる。引渡が行われるまでは、所有権はなお売主に留まる。

【第25節　賃貸借契約、永小作権契約及び永代地契約について】

第1101条　（1）不動産の賃貸人は、賃料を担保する目的で、賃借人または賃借人と生計を共にする家族が所有し、持ち込んだ諸設備及び動産に対して、差押えの禁止されている物を除き、質権を有する。この質権は、差押えの登録〔一種の仮処分として、債権者の申請に基づき、裁判所の許可を得て執行機関が行う、差押え簿への登録〕の前に当該目的物が持ち去られたときには、消滅する。但し、裁判上の処分により持ち去られた場合は、賃貸人は執行後3日以内

に自己の権利を裁判所に申告することによって質権の消滅を免れることができる。

(2) 賃料の支払または担保の提供なく、賃借人が転居しまたは物が持ち去られようとするとき、賃貸人は自己の危険において当該目的物を留置することができる。但し、3日以内に差押えの登録を申請しないときは、これを返還しなければならない。

(3) 土地の賃貸人には、前2項と同一の範囲、効果をもって、賃貸借の目的地にある家畜及び耕作用具並びにそこになお存在する果実に対して質権を有する。

第3篇 人の法及び物の法に関する通則について
【第1節 権利及び義務の強化について】

第1371条 質契約及び消費貸借契約の性質に反する条件及び付随契約は、すべて無効とする。このような合意としては、債務の履行期到来後は質物が債権者の所有となる旨の；債権者が、予め定められた価格で売却するか、もしくは自己に留保するかを任意に行うことができる旨の；債務者がいかなるときも質を請け戻すことができない、もしくは不動産を他人に譲渡することができない、または債権者が履行期到来後に質物の売却を要求することができない旨の合意がある。

【第4節 消滅時効及び取得時効にいて】

第1466条 動産をその目的物とする所有権は、3年の法的な占有により時効取得される。

第1472条 消滅時効が適用される限りにおいて・・・国庫Fiskus、すなわち公共財Staatsgüter及び国有財産Staatsvermögenの管理者に対抗しては、また教会、地方公共団体及びその他の認可団体の財産Güterの管理者に対抗しては、一般的な通常の時効取得期間では不十分である。動産の占有は、・・・6年間継続されなければならない。・・・

第1477条 30年または40年の期間をもって取得時効の根拠とする者は、正当な権原を提示する必要はない。しかし、この長期の期間においても、その者に対して占有の悪意が証明されたならば、取得時効は排斥される。

GBG:Allgemeines Grundbuchsgesetz

第58条 (1) 所有者は、担保権の抹消に際して、同時に、当該注記の承認後3年間は、抹消された担保権の順位とその額の範囲内で新たな担保権の登記が留保される旨の注記を、登記簿に記入させることができる。この留保は、所有者の交替ある場合、新所有者の有利に働くものとする。・・・・

邦 語 索 引

あ
アーティーニウス法 *lex Atinia* 70
悪意占有 *malae fidei possessio* 15, 20
悪意の占有者 *malae fidei possessor* 14, 15, 18, 82
悪意の抗弁 *exceptio doli* 86
握取行為 *mancipatio* 2, 47, 48, 56, 57, 58-59, 89, 103
悪魔の証明 *probatio diabolica* 77
新しい物 *nova species* 62, 66
アペル Apel, Johannes (Johann) (1486-1536) 50, 52
アンティクレーシス *antichresis* 110

い
遺産に手を付ける *immiscere se hereditati* 28
遺産分割訴権 *actio familiae erciscundae* 46, 90
遺失物拾得 Fund 61
移植 *implantatio* 63
遺贈物保全のための占有付与 *missio in possessionem legatorum servandorum causa* 107
1 ヌンムスの握取行為 *mancipatio nummo uno* 57
1年以内の抗弁 *exceptio anni* 33
一面的特示命令 *interdicta simplicia* 31
一定の高さを超える建物建築を差し止める権利 *servitus altius non tollendi* 88
一般抵当権 Generalhypothek 99, 100, 107

違法な占有 unrechtmäßiger Besitz 15
イミシオーネン Immissionen 41, 83
引水権 *aquaeductus* (Wasserleitung) 88

う
雨水・下水・汚水・煙の排出権 *servitus stillicidii, cloacae, latrinae, fumi immittendi* 88
雨水阻止訴権 *actio aquae pluviae arcendae* 41

え
永久賃貸 *locatio in perpetuum* 95
永借権 Emphyteuse (Erbpacht [*emphyteusis*]) 95-96
永借権 *ius emphyteuticarium* 95, 96
永借権契約 *contractus emphyteuticarius* 96
永借地訴権 *actio vectigalis* 95
永借人 Emphyteuta (Erbpächter) 14, 18
役権 Servituten (Dienstbarkeiten) 18, 20, 39, 42, 83, 84, 87-91, 101
役権取戻訴権 *vindicatio servitutis* 89, 91
役権の留保 *deductio servitutis* 89, 92

お
応訴の強制 Einlassungszwang 80
応訴の自由 Einlassungsfreiheit 79, 80
オーストリア法 österreichisches Recht 14, 19
怠った果実 *fructus neglecti* 81, 82
女奴隷の子供 *partus ancillae* 67

か

階層所有 Stockwerkseigentum 38
回復 Restitution 80
回復条項 Restitutionsklausel 77
回復する restituere 81
家外相続人 extranei heredes 28
隔地者間 inter absentes 74
加工 specificatio (Verarbeitung) 62, 66
瑕疵ある占有 possessio vitiosa (fehlerhafter Besitz) 16, 20
瑕疵ある占有の抗弁 exceptio vitiosae possessionis 32, 33
瑕疵なき占有 possessio non vitiosa (fehlerfreier Besitz) 16, 20, 70
嫁資不動産に関するユーリウス法 lex Iulia de fundo dotali 43
仮装訴訟 Scheinprozeß 57, 89, 90
家畜通行権 actus (Viehtrieb) 88
家長 pater familias 35
河中に生じた島 insula in flumine nata 63
簡易の引渡〔短手の引渡〕traditio brevi manu 22, 27, 57
間接占有 mittelbarer Besitz 8
完全な所有権 dominium pleno iure 37
観念的持分による共有 idealgeteiltes Miteigentum 38
元物主義 Substantialprinzip 67

き

期間 tempus 72
期間の通算 accessio temporis 32, 72
擬制された占有者 ficti possessores 79
帰属 Delation 28
帰属質 Verfallspfand 116
義務を嫌う性質 Pflichtenfeindlichkeit 39
旧河床 falveus derelictus 63
急激な寄洲作用 avulsio 62
休止相続財産 hereditas iacens 27, 28
汲水権 aquae haustus (Wasserschöpfrecht) 88
強化 consolidatio 93
境界争い controversia de fine 43
境界争い Grenzstreitigkeiten 43
境界画定訴権 actio finium regundorum 43, 46
境界地 confinium 43
共有 Miteigentum 38, 40, 44-46
共有物分割訴権 actio communi dividundo 45, 46, 90
禁止権 ius prohibendi 45
禁止的特示命令 interdicta prohibitoria 30
近接 vicinitas 89
金銭に対する用益権 usufructus pecuniae 94
金銭判決の原理 condemnatio pecuniaria 77
禁治産宣告 interdictio 43

く

空虚な所有権 nuda proprietas 92
組合 societas 45
組合訴権 actio pro socio 46

け

継承権と提供権 ius succedendi et offerendi 117

係争物 *res litigiosae* 44
係争物受寄者 Sequester 14, 18
決定 *cretio* 28
原因なきコンディクティオ *condictio sine causa* 65
権原 Titel 13, 15, 17, 58
権原 *titulus* 70
権原ある占有 titulierter Besitz 15
権原なき占有 untitulierter Besitz 15
現在者間 *inter praesentes* 74
原始取得 originärer Erwerb 21, 46, 52, 62
現存する果実 *fructus extantes* 81
建築 *inaedificatio* 63
現物持分による共有 realgeteiltes Miteigentum 38
権利の集合物 *universitas iuris* (Rechtsgesamtheit) 5
権利の占有 *possessio iuris* (Rechtsbesitz) 19
権力下への復帰 *reversio in potestatem* 70
権力服従者 Gewaltunterworfene 24

こ

公共用物 *res in publico usu* 2
後見人 *tutor* 25
公示の原則 Publizitätsprinzip 100
公正証書 *instrumentum publicum* 119
合成物 *corpus ex contingentibus* (zusammengesetzte Sache) 4, 63
強奪品 *res vi possessae* 70
合法所有権 *dominium legitimum* 37
合有 Gesamthandeigentum 38, 44
公有地 *ager publicus* 13
公有地〔借料を対価として貸与された〕 *ager vectigalis* 95
公有物 *res publicae* 2
国有物 *res in pecunia populi* 2
国庫 *fiscus* 119
国庫の債務者 *debitor fisci* 107
ゴルディアーヌスの質 *pignus Gordianum* 108
殺す質 Totsatzung 110
懇願による所有権の取得 *impetratio dominii* 112
混合 *commixtio* (Vermengung) 62, 65
混合事変〔帰責事由に起因して蒙った事変〕 *casus mixtus* 82
混同 *confusio* 88, 90, 108

さ

再握取行為 *remancipatio* 103
債権質 *pignus nominis* 109
債権者と締結された信託 *fiducia cum creditore contracta* 102
財産管理人 *procurator* 25
財産差押 *missio in bona* 106
財産不分割の組合 *societas ercto non cito* 38, 44
財産保全のための財産差押 *missio in bona rei servandae causa* 106
再譲渡 Rückübereignung 53, 103
最長期間の前書 *longissimi temporis praescriptio* 68, 73-74
裁定条項 *clausula arbitraria* (Arbiträrklausel) 76, 77
裁定付与 *adiudicatio* 43, 46, 90, 92
サヴィニー Savigny, Friedrich Carl von (1779-1861) 50, 52

先に自己に質入れされた物の抗弁 *exceptio rei ante sibi pigneratae* 116
差押え Verpfändung 105
差押権 Perklusionsrecht 111
サビーヌス学派 Sabinianer 60, 64, 66
サルウィウスの特示命令 *interdictum Salvianum* 111, 113
残余 *superfluum (hyperocha)* 98, 112

し

自権相続人 *sui heredes* 28
持衡器者 *libripens* 58
自己のものとして物を所持する意思 *animus rem sibi habendi* 8, 14, 17
自己の物の窃盗 *furtum rei suae* 110
自主占有 Eigenbesitz 14, 19, 60
自主占有意思 Eigenbesitzwille 8, 11, 22
自然的占有 *possessio naturalis* 13, 17, 18, 20
自然法上の取得 *acquisitiones naturales* 47
質 *pignus* 102, 105
質として交付された物 *res pignori data* 105
質物取戻訴権 *vindicatio pignoris* 114
市民的占有 *possessio civilis* (ziviler Besitz) 13, 15, 17, 20, 71
市民法 *ius civile* 47
市民法上の取得 *acquisitiones civiles* 47
市民法上の所有権 zivliles Eigentum 36, 57
借料 *canon* 95
借料 *vectigal* 95, 96
奢侈費 *impensae luxuosae* 81

車道通行権 *via* (Fahrweg) 87
宗教物 *res religiosae* 2
収去権 *ius tollendi* 82
住居権 *habitatio* 87, 94
集合物 *res ex distantibus, universitas rerum* (Sachgesamtheit) 4, 5, 109
収取した果実 *fructus percepti* 81, 82
収取したはずの果実 *fructus percipiendi* 81, 82
収取取得 Perzeptionserwerb 67
住宅質 *pignus insulae* 119
住宅用地の役権 *iura praedicorum urbanorum* 87
十二表法 Zwölftafeln 41, 45, 68, 69, 72
従物 Zubehör (Pertinenz) 5
私有物 *res privatae* 2
手権 *manus* 13, 35
受託者 Fiduziar 102
手中物 *res mancipi* 2, 37, 56, 58, 60, 61, 69, 71, 79, 85, 88, 89, 112
取得 Akquisition 28
取得権原 *titulus acquirendi* 52
取得時効 Ersitzung 68-74
取得様式 *modus acquirendi* 52
主物 Hauptsache 5
順位上昇権 Vorrückungsrecht 118
順位の留保 Rangvorbehalt 118
順位優先の原則 Prioritätsprinzip 101, 118
準公正証書 *instrumentum quasi publicum* 119
準セルウィウス訴権 *actio quasi Serviana* 110, 113, 114
準占有 *quasi possessio* 18

準占有者 *quasi possessor* 91, 93
準特示命令 *interdicta utilia* 93
準用益権 *quasi ususfructus* 92, 94
使用 *usus* 13
承役地 *praedium serviens* 88
承継取得 derivativer Erwerb 21, 46, 52, 56-58, 76
使用権 *usus* 87, 94
使用し収益し持ち占有すること *uti frui habere possidere* 36
使用取得 *usucapio* 3, 15, 17, 37, 47, 68, 69-73
使用取得可能物 *res habilis* 70
使用取得占有者 Usukapient 72
使用取得占有者 Ersitzungsbesitzer 72, 73, 85, 86
使用取得不可能な物 *res inhabiles* 70
使用窃盗 *furtum usus* 110
使用貸借 *commodatum* 34
使用・担保 *usus-auctoritas* 68, 69
譲渡担保 Sicherungsübereignung 102
使用取戻 *usureceptio* 103
消費された果実 *fructus consumpti* 81, 82
所持 Detention(Innehabung) 8, 18, 57
所持者 Detentor(Inhaber) 8, 9, 14, 23, 27, 79
処分権 *potestas alienandi* 112
処分権 Verfügungsrecht 118
所有権 Eigentum 7, 18, 35, 36, 39
所有権移転および取得の意思 *animus dominii transferendi et accipiendi* 52
所有権に基づく妨害排除請求 Eigentumsfreiheitsklage 83
所有権の主張 *vindicatio* 58, 75

所有者 *dominus* 7
所有者意思 *animus domini* 14
所有者ならば収取したはずの果実 *fructus percipiendi ex persona domini* 81, 82
所有物取戻訴権 *rei vindicatio* 11, 30, 36, 43, 53, 64, 72, 74, 76-78, 79, 80-82
所有持分取戻訴権 *vindicatio pro parte* 65
自力救済 Selbsthilfe 41
自力行使 Eigenmacht 12, 29, 32
人役権 Personalservituten 87
人工的工事 *opus manu factum* 41
神聖賭金 *sacramentum* 75
神聖賭金式対物法律訴訟 *legis actio sacramento in rem* 36, 57, 75
真正な占有 echter Besitz 16
神聖物 *res sacrae* 2
心素 *animus* 7, 21, 25, 26
信託 *fiducia* 102-104, 116
信託者 Fiduziant 102
信託訴権 *actio fiduciae* 102
信託直接訴権 *actio fiduciae directa* 104
信託反対訴権 *actio fiduciae contraria* 104
信託約款 *pactum fiduciae* 102
新築工事の禁止 *operis novi nuntiatio* 42
人的な物の法 persönliche Sachenrechte 1
審判人による担保権 richterliche Pfandrechte *(pignus iudiciale)* 108
神法上の物 *res divini iuris* 2
人法上の物 *res humani iuris* 2

す

数量的所有権 Quantitätseigentum 65
スクリーボーニウス法 *lex Scribonia* 90

せ

制限物権 beschränkte dingliche Rechte　18, 35, 39, 40, 87, 88, 99, 104
聖護物 res sanctae　2
生産主義 Produktionsprinzip　67
誠実な占有 redlicher Besitz　15
正当原因 iusta causa　13, 15, 17, 48, 53, 58, 70, 71
正当原因に基づく占有 possessio ex iusta causa　15
正当原因に基づく引渡 traditio ex iusta causa　51, 57
正当所有権 iustum dominium　86
正当所有権の抗弁 exceptio iusti dominii　30, 72, 85, 86
生得の自由 angeborene Freiheit　52
誓約 sponsio　75
誓約による〔訴訟〕per sponsionem　75
セウェールスの演説 oratio Severi　44
責任の解放 Haftungslösung　54
絶対的所有権 absolutes Eigentum　35
折衷説 media sententia　66
窃盗 furtum　56, 61
セルウィウス訴権 actio Serviana　111, 113
善意 bona fides　70, 71, 73
善意取得 gutgläubiger Erwerb　56, 69
善意占有 bonae fidei possessio　15, 20
善意の占有者 bonae fidei possessor　14, 15, 18, 67, 82
漸次の寄洲作用 alluvio　62
占有 possessio　14, 18, 71
占有 Besitz　7-34, 39, 57
占有意思 animus possidendi　7, 8
占有改定 constitutum possessorium　23, 25, 27, 57
占有回復作用 rekuperatorische Funktion　31, 32
占有回復の特示命令 interdicta recuperandae possessionis　31
占有許容者 precario dans　34
占有質 Besitzpfand(Faustpfand)　102, 104
占有質原則 Faustpfandprinzip　100
占有取得の特示命令 interdicta adipiscendae possessionis　31
占有者 possessor　7, 8
占有訴権 possessorium　12, 29
占有訴権付占有 possessio ad interdicta　13, 17, 20
占有訴権付占有 Interdiktenbesitz (juristischer Besitz)　13, 14, 17-18, 20
占有訴権付占有者 Interdiktenbesitzer　34, 79, 106, 110, 113
占有の原始取得 originärer Besitzerwerb　21
占有の取得 Besitzerwerb　21-25
占有の承継 successio in possessionem　72
占有の承継取得 derivativer Besitzerwerb　21
占有の正当な開始 iustum initium possessionis　73
占有付与 missio in possessionem　106
占有保持の特示命令 interdicta retinendae possessionis　31

そ

相続拒否の利益 beneficium abstinendi　28

相続財産 *hereditas* 5
相続財産の承継 *aditio hereditatis* (Erbschaftsantritt) 28
相続人共同体 *consortium* 38, 45
相続人共同体 Erbengemeinschaft 38, 45
相続人としての行為 *pro herede gestio* 28
相続人としての資格の帰属 Berufung zum Erben 28
相続人としての使用取得 *usucapio pro herede* 27, 28
相対的所有権 relatives Eigentum 35, 75
想定的権原 Putativtitel 71
争点決定 *litis contestatio* 78, 82
双面的特示命令 *interdicta duplicia* 31
相隣関係法 Nachbarrecht 40-43
測量士 *agrimensores* 43
訴訟通告 *litis denuntiatio* 59
訴訟と係争物の保証人 *praedes litis et vindiciarum* 75
訴訟と係争物の保証人に代わる担保問答契約 *cautio pro praede litis et vindiciarum* 75
訴訟物の金銭評価 *litis aestimatio* 78
訴訟物の宣誓 *iusiurandum in litem* 79

た

第1回の裁定による占有付与 *missio in possessionem ex primo decreto* 42, 106
対人質訴権 *actio pigneraticia in personam* 114, 115
対人質直接訴権 *actio pigneraticia in personam directa* 114, 115
対人質反対訴権 *actio pigneraticia in personam contraria* 116
対人訴権 *actio in personam* 95
体素 *corpus* 7, 21, 25, 26, 27
第2回の裁定による占有付与 *missio in possessionem ex secundo decreto* 42
対物訴権 *actio in rem* 95
対物質訴権 *actio pigneraticia in rem* 114, 115
代理人 Stellvertreter 24
他主占有 Fremdbesitz 14, 19
建物役権 Gebäudeservituten 87
他人のために物を所持する意思 *animus rem alteri habendi* 14, 17
他物権 *iura in re aliena* 87, 101
単一物 Einheitssache 4, 64
単独所有〔権〕Alleineigentum 38, 65
担保〔責任〕*auctoritas* 69
担保権 Pfandrecht 87, 98-101
担保責任 Auktoritätshaftung 59
担保責任 Gewährleistungspflicht 59
担保訴権 *actio auctoritatis* 59
担保的作用 Sicherungsfunktion 99
担保人 *auctor* 59
担保の設定された物 *res obligata* 105
担保物帰属 Pfandverfall 98, 111
担保物の換価 Pfandverwertung 98, 109
担保物売却 Pfandverkauf 98, 111, 112

ち

地役権 Realsevituten 87, 88-91
地上権 Erbbaurecht 87, 96-97
地上権者 Superfiziar 96
地上権に関する特示命令 *interdictum de superficiebus* 96

地上物 superficies 38, 63, 96
地代 solarium 96
中間裁定 pronuntiatio 78
長期間の前書 longi temporis praescriptio 68, 73-74, 108
長手の引渡 traditio longa manu 22
直接占有 unmittelbarer Besitz 8

つ

通商権 commercium 47
通常到来財産 bona adventicia regularia 108

て

提示訴権 actio ad exhibendum 63, 64, 80
提示的特示命令 interdicta exhibitoria 30
抵当 hypotheca 102, 105
抵当 Hypothek 104, 105
抵当訴権 actio hypothecaria 113, 114
Titulus-Modus理論 Lehre von Titulus und Modus 48, 51, 52
手から手への引渡 Übergabe von Hand zu Hand 22
適法な占有 rechtmäßiger Besitz 15
転質 pignus pignoris 109
天然果実 fructus naturales 6
顛落財産取戻訴権 vindicatio caducorum 79

と

頭格減少 capitis deminutio 93
登記 Eintragung 53
銅衡行為 Libralakt 56
動産占有保持の特示命令 interdictum utr-
 ubi 3, 29, 32
盗訴権 actio furti 65
盗のコンディクティオ condictio furtiva 65
盗品 res furtivae 70
逃亡奴隷 servus fugitius 26
特示命令 Interdikte 11, 12, 14, 29-34
特定担保権 Spezialpfandrechte 107
特有財産 peculium (Pekulium) 5, 24
土地役権 Feldsevituten 2, 87
土地登記簿 Grundbuch 100
土地の争い controversia de loco 43
土地返還の特示命令 interdictum quem fundum 80
特権を付与された質権 privilegierte Pfandreche 101
特権を付与された抵当権 privilegierte Hypotheken 101
突出 Überhang 40
取り壊しの特示命令 interdictum demolitorium 42
取戻的取得時効 Zurückersitzung 103
奴隷の使役権 operae servorum 94

に

認諾訴権 actio confessoria 42, 84, 91, 93

の

農耕用地の役権 iura praediorum rusticorum 87

は

売却権 ius vendendi 117, 118
売却され引き渡された物の抗弁 exceptio

rei venditae et traditae 85, 86
売却され引き渡された物の再抗弁 replicatio rei venditae et traditae 85, 86
売却約款 pactum de vendendo (Verkaufsabrede) 102, 103, 112
売却約款 pactum de distrahendo 112
播種 satio 63
発見者報労金 Finderlohn 61
判決債務のために徴収された質 pignus in causa iudicati captum 106
犯行道具 instrumenta sceleris 40
反対行為 actus contrarius 26
反対の所有権の主張 contravindicatio 58, 75
ハンダ付け adplumbatio 65
パンデクテンの現代的慣用 usus modernus pandectarum 52
万人共有物 res communes omnium 2
万民法 ius gentium 47

ひ

引渡 traditio(Übergabe) 2, 12, 15, 17, 20, 22, 37, 47, 48, 49, 52, 53, 56, 57, 86
引渡と認容 traditio et patientia 90
引渡の正当原因 iusta causa traditionis 54
引渡の代用 Traditionssurrogat 57
非債弁済のコンディクティオ condictio indebiti 55
非手中物 res nec mancipi 2, 12, 17, 56, 60, 61, 79, 112
非占有質 besitzloses Pfand 100, 102, 104, 105, 109, 111
引越の特示命令 interdictum de migrando 113
必然的代理 notwendige Stellvertretung 25
必要費 impensae necessariae 81, 82
否認訴権 actio negatoria 41, 42, 83-84, 91, 93
費用 impensae 81

ふ

プーブリキウス訴権 actio Publiciana 30, 72, 84-85
不規則役権 irreguläre Servituten 88
不規則質 pignus irregulare 109
附合 accessio (Verbindung) 62-65
附従性の原則 Akzessorietätsprinzip 99, 108
不使用 non usus 91
不真正な占有 unechter Besitz 16
不誠実な占有 unredlicher Besitz 15
普通法 Gemeines Recht 5, 18
物権遺贈 Vindikationslegat (legatum per vindicationem) 47, 90, 92
物権的合意 Einigung 22, 48, 52, 53
物権的請求権 dinglicher Anspruch 53
物的な物の法 dingliche Sachenrecht 1
不動産占有回復の特示命令 interdictum unde vi 29, 31, 33
不動産占有保持の特示命令 interdictum uti possidetis 3, 29, 31-32, 41
不融通物 res extra commercium 1, 70
武力による場合の不動産占有回復の特示命令 interdictum de vi armata 29, 31-33
プロクルス学派 Prokulianer 60, 64, 66
分割訴権 Teilungsklage 46

分離取得 Separationserwerb 67

へ
返還的特示命令 interdicta restitutoria 30
弁済 solutio 48, 54
弁済的作用 Befriedigungsfunktion 99
弁済目的 causa solvendi 54

ほ
放棄 derelictio 60
放棄 Verzicht 90, 93
放棄物 res derelictae 60
方式書訴訟 Formularprozeß 36, 77
法定一般抵当権 gesetzliche Generalhypothek 99, 107, 119
法定果実 fructus civiles 6
法廷譲与 in iure cessio 2, 47, 48, 56, 57, 58, 89, 103
法定担保権 gesetzliches Pfandrecht 107-108
法定抵当権 Legalhypothek 107
放牧権 ius pascendi (Weiderecht) 88
法務官による質権 pignus praetorium 106
法務官法上の所有権 in bonis esse 105
法務官法上の所有権 bonitarisches Eigentum 37
法務官法上の所有権 praetorisches Eigentum 37, 57, 60, 85
法律行為に基づく担保権 rechtsgeschäftliche Pfandrechte (pignus voluntarium) 105
暴力、隠秘、許容により vi clam precario 16

暴力、隠秘、許容によるものではないならば nec vi nec clam nec precario 32
暴力または隠秘による場合の特示命令 interdictum quod vi aut clam 29
保管〔責任〕custodia 114
保佐人 curator 25
歩道通行権 iter (Fußweg) 88
墓碑通行権 iter ad sepulchrum 43
本権に関する方式書 formula petitoria 75
本権の訴え petitorium 12, 29-30

ま
埋蔵物 thesaurus 61
埋蔵物発見 Schatzfund 47, 61

み
未発生損害担保問答契約 cautio damni infecti 41

む
無因主義 Abstraktionsprinzip 49, 50, 53
無因取得 abstrakter Erwerb 47, 48
無因の引渡 abstrakte Traditio 48, 49, 52
無因の物権契約 abstrakter dinglicher Vertrag 50, 53
無因の物権的所有権移転契約 abstrakter dinglicher Übereignungsvertrag 52
無主物 res nullius 60, 61
無主物先占 occupatio 47, 52, 60-61
無体物 res incorporales 1

め
名誉法上の所有権 honorarrechtliches Eigentum 37

命令 iussum　24

も
黙示的に締結される質 pignus quod tacite contrahitur　106
黙示のアンティクレーシス antichresis tacita　110
黙示の質 pignus tacitum　106
持込物 invecta et illata　105, 106, 113
持分的共有 communio pro indiviso　38, 44
持分的共有 condominium　38, 45
持分的共有 Miteigentum nach Quoten　38, 44, 65
物 res　1
物の集合物 universitas rerum　4, 5
物の集合物 universitas facti　5
物の占有 Sachbesitz　19
物の防御 Sachdefension　80
物への利益転用 versio in rem　119
もはや妨害しないことの担保問答契約 cautio de non amplius turbando　83

や
約束と問答契約 pactiones et stipulationes　90, 92

ゆ
有因主義 Kausalitätsprinzip　53
有因取得 kausaler Erwerb　47, 48
有因の引渡 kausale Traditio　50
有益性 utilitas　89
有益費 impensae utiles　81, 82
ユウェンティウス元老院議決 SC Iuventianum　79

友人と締結された信託 fiducia cum amico contracta　102
優先特権 Rangplivileg　101, 118-119
有体物 res corporales　1
融通物 res in commercio　1
ユーリウス・プラウティウス法 leges Iulia et Plautia　70
融和 confusio (Vermischung)　62, 65
譲受人〔握取行為の〕mancipio accipiens　58

よ
用益権 ususfructus　18, 87, 91-94
用益権担保問答契約 cautio usufructuaria　92
用益権取戻訴権 vindicatio ususfructus　93
用益権の留保 deductio ususfructus　92
用益質 Nutzungspfand　110
要役地 praedium dominans　88
容仮占有 precarium　16, 34
容仮占有者 precario accipiens　34
容仮占有者 Prekarist　14, 18, 34
容仮占有に関する特示命令 interdictum de precario　29, 34
溶接 ferruminatio　65

ら
落下 Überfall　41

り
流質約款 lex commissoria (Verfallsklausel)　103, 112
留置権 Retentionsrecht (Zurückbehaltungs-

recht）　99, 108
梁木組立訴権 *actio de tigno iuncto*　64
梁木差込権 *ius tigni immitendi*　87
隣地建物を支えとする権利 *ius oneris ferendi*　88

隣地通行権 Notweg　43

ろ

ローマ市民法上の所有権 *dominium ex iure Quiritium*　37

原 語 索 引

A

abgeleiterter Erwerb → derivativer Erwerb

absolutes Eigentum（絶対的所有権）35

abstrakte Traditio（無因の引渡）48, 49, 52

abstrakter dinglicher Übereignungsvertrag（無因の物権的所有権移転契約）52

abstrakter dinglicher Vertrag（無因の物権契約）50, 53

abstrakter Erwerb（無因の取得）47, 48

Abstraktionsprinzip（無因主義）49, 50, 53

accessio（附合）62-64

- *temporis*（期間の通算）32, 72

acquisitiones civiles（市民法上の取得）47

- *naturales*（自然法上の取得）47

actio ad exhibendum（提示訴権）63, 64, 80

- *aquae pluviae arcendae*（雨水阻止訴権）41

- *auctoritatis*（担保訴権）59

- *communi dividundo*（共有物分割訴権）45, 46, 90

- *confessoria*（認諾訴権）42, 84, 91, 93

- *de tigno iuncto*（梁木組立訴権）64

- *familiae erciscundae*（遺産分割訴権）46, 90

- *fiduciae*（信託訴権）102

—— *contraria*（信託反対訴権）104

—— *directa*（信託直接訴権）104

- *finium regundorum*（境界画定訴権）43, 46

- *furti*（盗訴権）65

- *hypothecaria*（抵当訴権）113, 114

- *in rem*（対物訴権）95

- *in personam*（対人訴権）95

- *negatoria*（否認訴権）41, 42, 83-84, 91, 93

- *pigneraticia in personam*（対人質訴権）114, 115

—— *in personam contraria*（対人質反対訴権）114, 115

—— *in personam directa*（対人質直接訴権）114, 115

—— *in rem*（対物質訴権）114, 115

- *pro socio*（組合訴権）46

- *Publiciana*（プーブリキウス訴権）30, 72, 84-85

- *quasi Serviana*（準セルウィウス訴権）110, 113, 114

- *Serviana*（セルウィウス訴権）111, 113

- *vectigalis*（永借地訴権）95

actus（家畜通行権）88

actus contrarius（反対行為）26

aditio hereditatis（相続財産の承継）28

adiudicatio（裁定付与）43, 46, 90, 92

adplumbatio（ハンダ付け）65

ager publicus（公有地）13

ager vectigalis（〔借料を対価として貸与された〕公有地）95

agrimensores（測量士）43

Akquisition（〔遺産の〕取得）　28
Akzessorietätsprinzip（附従性の原則）　99, 108
Alleineigentum（単独所有〔権〕）　38, 65
alluvio（漸次の寄洲作用）　62
alveus derelictus（旧河床）　63
angeborene Freiheit（生得の自由）　52
animus（〔占有における〕心素）　7, 21, 25, 26
　— *domini*（所有者意思）　14
　— *dominii transferendi et accipiendi*（所有権移転および取得の意思）　52
　— *possidendi*（占有意思）　7, 8
　— *rem alteri habendi*（他人のために物を所持する意思）　14, 17
　— *rem sibi habendi*（自己のものとして物を所持する意思）　8, 14, 17
antichresis（アンティクレーシス）　110
　— *tacita*（黙示のアンティクレーシス）　110
Apel, Johannes(Johann) (1486-1536)　50, 52
aquae haustus（汲水権）　88
aquaeductus（引水権）　88
Arbiträrklausel → *clausula arbitraria*
auctor（担保人）　59
auctoritas（担保〔責任〕）　69
Auktoritätshaftung（担保責任）　59
avulsio（急激な寄洲作用）　62

B

Befriedigungsfunktion（弁済的作用）　99
beneficium abstinendi（相続拒否の利益）　28

Berufung zum Erben（相続人としての資格の帰属）　28
beschränkte dingliche Rechte（制限物権）　18, 35, 39, 40, 87, 88, 99, 104
Besitz（占有）　7-34, 39, 57
Besitzerwerb（占有の取得）　21-25
besitzloses Pfand（非占有質）　100, 102, 104, 105, 109, 111
Besitzpfand（占有質）　102, 104
bona adventicia regularia（通常到来財産）　108
bona fides（善意）　70, 71, 73
bonae fidei possessio（善意占有）　15, 20
bonae fidei possessor（善意の占有者）　14, 15, 18, 67, 82
bonitarisches Eigentum（法務官法上の所有権）　37

C

canon（借料）　95
capitis deminutio（頭格減少）　93
casus mixtus（混合事変〔帰責事由に起因して蒙った事変〕）　82
causa solvendi（弁済目的）　54
cautio damni infecti（未発生損害担保問答契約）　41
　— *de non amplius turbando*（もはや妨害しないことの担保問答契約）　83
　— *pro praede litis et vindiciarum*（訴訟と係争物の保証人に代わる担保問答契約）　75
　— *usufructuaria*（用益権担保問答契約）　92
clausula arbitraria（裁定条項〔勧告文言〕）

76, 77
commercium（通商権） 47
commixtio（混合） 62, 65
commodatum（使用貸借） 34
communio pro indiviso（持分的共有） 38, 44
condemnatio pecuniaria（金銭判決の原理） 77
condictio〔コンディクティオ、不当利得返還請求訴権〕 53
　― *furtiva*（盗のコンディクティオ） 65
　― *indebiti*（非債弁済のコンディクティオ） 55
　― *sine causa*（原因なきコンディクティオ） 65
condominium（持分的共有） 38, 44
confinium（境界地） 43
confusio（融和） 62, 65
confusio（混同） 88, 90, 108
consolidatio（強化〔用益権の場合の混同〕） 93
consortium（〔古い〕相続人共同体） 38, 45
constitutum possessorium（占有改定） 23, 25, 27, 57
contractus emphyteuticarius（永借権契約） 96
contravindicatio（反対の所有権の主張） 58, 75
controversia de fine（境界争い） 43
　― *de loco*（土地の争い） 43
corpus（〔占有における〕体素） 7, 21, 25, 26, 27
corpus ex contingentibus（合成物） 4, 64
　― *ex distantibus*（集合物） 4

cretio（〔相続財産承継の〕決定） 28
curator（保佐人） 25
custodia（保管〔責任〕） 114

D

debitor fisci（国庫の債務者） 107
deductio servitutis（役権の留保） 89, 92
　― *ususfructus*（用益権の留保） 92
Delation（〔相続権の〕帰属） 28
derelictio（放棄） 60
derivativer Besitzerwerb（占有の承継取得） 21
derivativer Erwerb（承継取得） 21, 46, 52, 56-58, 76
Detention（所持） 8, 18, 57
Detentor（所持者） 8, 9, 14, 23, 27, 79
Dienstbarkeiten → Servituten
dingliche Sachenrecht（物的な物の法） 1
dinglicher Anspruch（物権的請求権） 53
dominium ex iure Quiritium（〔古〕ローマ市民法上の所有権） 37
　― *legitium*（合法所有権） 37
　― *pleno iure*（完全な所有権） 37
dominus（所有者） 7

E

echter Besitz（真正な占有） 16
Eigenbesitz（自主占有） 14, 19, 60
Eigenbesitzwille（自主占有意思） 8, 11, 22
Eigenmacht（自力行使） 12, 29, 32
Eigentum（所有権） 7, 18, 35, 36, 39
Eigentumsfreiheitsklage（所有権に基づく妨害排除請求） 83

Einheitssache（単一物）　4, 64
Einigung（物権的合意）　22, 48, 52, 53
Einlassungsfreiheit（応訴の自由）　79, 80
Einlassungszwang（応訴の強制）　80
Eintragung（登記）　53
Emphyteuse（永借権〔emphyteusis〕）　96
Emphyteuta（永借人〔Erbpächter〕）　15, 17
Erbbaurecht（地上権）　97-98
Erbengemeinschaft（相続人共同体）　38, 44, 45
Erbpacht（永借権）　95-96
Erbschaftsantritt → aditio hereditatis
Ersitzung（取得時効、使用取得）　68-74
Ersitzungsbesitzer（使用取得占有者）　72, 73, 85, 86
exceptio anni（1年以内の抗弁）　33
－ doli（悪意の抗弁）　82, 86
－ iusti dominii（正当所有権の抗弁）　30, 72, 85, 86
－ rei ante ante sibi pigneratae（先に自己に質入れされた物の抗弁）　116
－ rei venditae et traditae（売却され引き渡された物の抗弁）　85, 86
－ vitiosae possessionis（瑕疵ある占有の抗弁）　32, 33
extranei heredes（家外相続人）　28

F

Fahrweg → via
Faustpfand（占有質）　102
Faustpfandprinzip（占有質原則）　100
fehlerfreier Besitz → possessio non vitiosa
fehlerhafter Besitz → possessio vitiosa

Feldsevituten（土地役権）　2, 87
ferruminatio（溶接）　65
ficti possessores（擬制された占有者）　79
fiducia（信託）　102-104, 116
－ cum amico contracta（友人と締結された信託）　102
－ cum creditore contracta（債権者と締結された信託）　102
Fiduziant（信託者）　102
Fiduziar（受託者）　102
Finderlohn（発見者報労金）　61
fiscus（国庫）　119
formula petitoria（本権に関する方式書）　75
Formularprozeß（方式書訴訟）　36, 77
Fremdbesitz（他主占有）　14, 19
fructus civiles（法定果実）　6
－ consumpti（消費された果実）　81, 82
－ extantes（現存する果実）　81
－ naturales（天然果実）　6
－ neglecti（〔収取を〕怠った果実）　81, 82
－ percepti（収取した果実）　81, 82
－ percipiendi（収取したはずの果実）　81, 82
－ percipiendi ex persona domini（所有者ならば収取したはずの果実）　81, 82
Fund（遺失物拾得）　61
furtum（窃盗）　56, 61
－ rei suae（自己の物の窃盗）　110
－ usus（使用窃盗）　110
Fußweg → iter

G

Gebäudeservituten（建物役権）　87
Gemeines Recht（普通法）　5, 18
Generalhypothek（一般抵当権）　99, 100, 107
Gesamthandeigentum（合有）　38, 44
gesetzliche Generalhypothek（法定一般抵当権）　99, 107, 119
gesetzliches Pfandrecht（法定担保権）　107-108
Gewährleistungspflicht（担保責任）　59
Gewaltunterworfene（権力服従者）　24
Grenzstreitigkeiten（境界争い）　43
Grundbuch（土地登記簿）　100
gutgläubiger Erwerb（善意取得）　56, 69

H

habitatio（住居権）　87, 94
Haftungslösung（責任の解放）　54
Hauptsache（主物）　5
hereditas（相続財産）　5
hereditas iacens（休止相続財産）　27, 28
honorarrechtliches Eigentum（名誉法上の所有権）　37
hyperocha → superfluum
hypotheca（抵当）　102, 105
Hypothek（抵当）　104, 105

I

idealgeteiltes Miteigentum（観念的持分による共有）　38
immiscere se hereditati（遺産に手を付ける）　28
Immissionen（イミシオーネン）　41, 83
impetratio dominii（懇願による所有権の取得）　112
impensae（費用）　81
　− luxuosae（奢侈費）　81
　− necessariae（必要費）　81, 82
　− utiles（有益費）　81, 82
implantatio（移植）　63
in bonis esse（法務官法上の所有権）　105
in iure cessio（法廷譲与）　2, 47, 48, 56, 57, 58, 89, 103
inaedificatio（建築）　63
Inhaber → Detentor
Innehabung → Detention
instrumenta sceleris（犯行道具）　40
instrumentum publicum（公正証書）　119
　− quasi publicum（準公正証書）　119
insula in flumine nata（河中に生じた島）　63
inter absentes（〔取得時効における〕隔地者間）　74
　− praesentes（〔取得時効における〕現在者間）　74
interdicta adipiscendae possessionis（占有取得の特示命令）　31
　− duplicia（双面的特示命令）　31
　− exhibitoria（提示的特示命令）　30
　− prohibitoria（禁止的特示命令）　30
　− recuperandae possessionis（占有回復の特示命令）　31
　− restitutoria（返還的特示命令）　30
　− retinendae possessionis（占有保持の特示命令）　31
　− simplicia（一面的特示命令）　31
　− utilia（準特示命令）　93

interdictio（〔浪費者に対する〕禁治産宣告） 43
interdictum de migrando（引越の特示命令） 113
　— *de precario*（容仮占有に関する特示命令） 29, 34
　— *de superficiebus*（地上権に関する特示命令） 96
　— *de vi armata*（武力による場合の不動産占有回復の特示命令） 29, 31-33
　— *demolitorium*（取り壊しの特示命令） 42
　— *quem fundum*（土地返還の特示命令） 80
　— *quod vi aut clam*（暴力または隠秘による場合の特示命令） 29
　— *Salvianum*（サルウィウスの特示命令） 111, 113
　— *unde vi*（不動産占有回復の特示命令） 29, 31, 33
　— *uti possidetis*（不動産占有保持の特示命令） 3, 29, 31-32, 41
　— *utrubi*（動産占有保持の特示命令） 3, 29, 32
Interdikte（特示命令） 11, 12, 14, 29-34
Interdiktenbesitz（占有訴権付占有） 13, 14, 17-18, 20
Interdiktenbesitzer（占有訴権付占有者） 34, 79, 106, 110, 113
invecta et illata（持込物） 105, 106, 113
irreguläre Servituten（不規則役権） 88
iter（歩道通行権） 88
　— *ad sepulchrum*（墓碑通行権） 43
iura in re aliena（他物権） 87, 101

　— *praediorum rusticorum*（農耕用地の役権） 87
　— *praedicorum urbanorum*（住宅用地の役権） 87
ius civile（市民法） 47
　— *emphyteuticarium*（永借権） 95, 96
　— *gentium*（万民法） 47
　— *pascendi*（放牧権） 88
　— *prohibendi*（禁止権） 45
　— *succedendi et offerendi*（継承権と提供権） 117
　— *tollendi*（収去権） 82
　— *vendendi*（売却権） 117, 118
iusiurandum in litem（訴訟物の宣誓） 79
iussum（命令） 24
iusta causa（正当原因） 13, 15, 17, 48, 53, 58, 70, 71
　— — *traditionis*（引渡の正当原因） 54
iustum initium possessionis（占有の正当な開始） 73
iustum dominium（正当所有権） 86

J
juristischer Besitz → *possessio ad interdicta*

K
kausale Traditio（有因の引渡） 50
kausaler Erwerb（有因の取得） 47, 48
Kausalitätsprinzip（有因主義） 53

L
Legalhypothek（法定抵当権） 107
leges Iulia et Plautia（ユーリウス・プラウ

ティウス法）70
legis actio sacramento in rem（神聖賭金式対物法律訴訟）36, 57, 75
Lehre von Titulus und Modus（Titulus-Modus 理論）48, 51, 52
lex Atinia（アーティーニウス法）70
— *Iulia de fundo dotali*（嫁資不動産に関するユーリウス法）43
— *Scribonia*（スクリーボーニウス法）90
lex commissoria（流質約款）103, 112
Libralakt（銅衡行為）56
libripens（持衡器者）58
litis aestimatio（訴訟物の金銭評価）78
— *contestatio*（争点決定）78, 82
— *denuntiatio*（訴訟通告）59
locatio in perpetuum（永久賃貸）95
longi temporis praescriptio（長期間の前書）68, 73-74, 108
longissimi temporis praescriptio（最長期間の前書）68, 73-74

M

malae fidei possessio（悪意占有）15, 20
malae fidei possessor（悪意の占有者）14, 15, 18, 82
mancipatio（握取行為）2, 47, 48, 56, 58-59, 89, 103
— *nummo uno*（1ヌンムスの握取行為）57
mancipio accipiens（〔握取行為の〕譲受人）58
manus（手権〔夫権〕）13, 35
media sententia（折衷説）66
missio in bona（財産差押）106

— *in bona rei servandae causa*（財産保全のための財産差押）106
— *in possessionem*（占有付与）106
— *in possessionem ex primo decreto*（第1回の裁定による占有付与）42, 106
— *in possessionem ex secundo decreto*（第2回の裁定による占有付与）42
— *in possessionem legatorum servandorum causa*（遺贈物保全のための占有付与）108
Miteigentum（共有）38, 40, 44-46
Miteigentum nach Quoten（持分的共有）38, 44, 65
mittelbarer Besitz（間接占有）8
modus acquirendi（取得様式）52

N

Nachbarrecht（相隣関係法）40-43
nec vi nec clam nec precario（暴力、隠秘、許容によるものではないならば）32
non usus（不使用）91
Notweg（隣地通行権）43
notwendige Stellvertretung（必然的代理）25
nova species（新しい物）62, 66
nuda proprietas（空虚な所有権）92
Nutzungspfand（用益質）110

O

occupatio（無主物先占）47, 52, 60-61
operae servorum（奴隷の使役権）94
operis novi nuntiatio（新築工事の禁止）42
opus manu factum（人工的工事）41

oratio Severi（セウェールスの演説）44
originärer Besitzerwerb（占有の原始取得）21
originärer Erwerb（原始取得）21, 46, 52, 62
österreichisches Recht（オーストリア法）14, 19

P

pactiones et stipulationes（約束と問答契約）90, 92
pactum de distrahendo（売却約款）112
　— *de vendendo*（売却約款）102, 103, 112
　— *fiduciae*（信託約款）102
partus ancillae（女奴隷の子供）67
pater familias（家長）35
peculium（特有財産 Pekulium）5, 24
per sponsionem（誓約による〔訴訟〕）75
Perklusionsrecht（差押権）111
persönliche Sachenrecht（人的な物の法）1
Personalservituten（人役権）87
Pertinenz → Zubehör
Perzeptionserwerb（収取取得）67
petitorium（本権の訴え）12, 29-30
Pfandrecht（担保権）87, 98-101
Pfandverfall（担保物帰属）98, 111
Pfandverkauf（担保物売却）98, 111, 112
Pfandverwertung（担保物の換価）98, 119
Pflichtenfeindlichkeit（〔所有権の〕義務を嫌う性質）39
pignus（質）102, 105
　— *Gordianum*（ゴルディアーヌスの質）108
　— *irregulare*（不規則質）109
　— *in causa iudicati captum*（判決債務のために徴収された質）106
　— *insulae*（住宅質）119
　— *iudiciale*（審判人による質〔担保権〕）108
　— *nominis*（債権質）109
　— *pignoris*（転質）109
　— *praetorium*（法務官による質権）106
　— *quod tacite contrahitur*（黙示的に締結される質）106
　— *tacitum*（黙示の質）106
　— *voluntarium*（当事者の意思〔法律行為〕に基づく質〔担保権〕）105
possessio（占有）14, 18, 71
　— *ad interdicta*（占有訴権付占有）13, 17, 20
　— *civilis*（市民的占有）13, 15, 17, 20, 71
　— *ex iusta causa*（正当原因に基づく占有）15
　— *iuris*（権利の占有）19
　— *naturalis*（自然的占有）13, 17, 18, 20
　— *non vitiosa*（瑕疵なき占有）16, 20, 70
　— *vitiosa*（瑕疵ある占有）16, 20
possessor（占有者）7, 8
possessorium（占有訴権）12, 29
potestas alienandi（処分権）112
praedes litis et vindiciarum（訴訟と係争物の保証人）75
praedium dominans（要役地）88
　— *serviens*（承役地）88

praetorisches Eigentum（法務官法上の所有権）37, 57, 60, 85
precario dans（占有許容者）34
precario accipiens（容仮占有者）34
precarium（容仮占有）16, 33
Prekarist（容仮占有者）14, 18, 34
Prioritätsprinzip（順位優先の原則）101, 118
privilegierte Hypotheken（特権を付与された抵当権）101
 － Pfandreche（特権を付与された質権）101
pro herede gestio（相続人としての行為）28
probatio diabolica（悪魔の証明）77
procurator（財産管理人〔委託事務管理人〕）25
Produktionsprinzip（生産主義）67
Prokulianer（プロクルス学派）60, 64, 66
pronuntiatio（中間裁定）78
Publizitätsprinzip（公示の原則）100
Putativtitel（想定的権原）71

Q

Quantitätseigentum（数量的所有権）65
quasi possessio（準占有）18
quasi possessor（準占有者）91, 93
quasi ususfructus（準用益権）92, 94

R

Rangpliviteg（優先特権）101, 118-119
Rangvorbehalt（順位の留保）118
realgeteiltes Miteigentum（現物持分による共有）38

Realsevituten（地役権）87, 88-91
redlicher Besitz（誠実な占有）15
Rechtsbesitz（権利の占有）19
Rechtsgesamtheit（権利の集合物）5
rechtsgeschäftliche Pfandrechte（法律行為に基づく担保権）105
rechtmäßiger Besitz（適法な占有）15
rei vindicatio（所有物取戻訴権）11, 30, 36, 43, 53, 64, 72, 74, 76-78, 79, 80-82
rekuperatorische Funktion（〔特示命令の〕占有回復作用）31, 32
relatives Eigentum（相対的所有権）35, 75
remancipatio（再握取行為）103
replicatio rei venditae et traditae（売却され引き渡された物の再抗弁）85, 86
res（物）1
 － *communes omnium*（万人共有物）2
 － *corporales*（有体物）1
 － *derelictae*（放棄物）60
 － *divini iuris*（神法上の物）2
 － *extra commercium*（不融通物）1, 70
 － *furtivae*（盗品）70
 － *habilis*（使用取得可能物）70
 － *humani iuris*（人法上の物）2
 － *in commercio*（融通物）1
 － *in pecunia populi*（国有物）2
 － *in publico usu*（公共用物）2
 － *incorporales*（無体物）1
 － *inhabiles*（使用取得不可能な物）70
 － *litigiosae*（係争物）44
 － *mancipi*（手中物）2, 37, 56, 58, 60, 61, 69, 71, 79, 85, 88, 89, 112
 － *nec mancipi*（非手中物）2, 12, 17,

56, 60, 61, 79, 112
- *nullius*（無主物）60, 61
- *obligata*（担保の設定された物）105
- *pignori data*（質として交付された物）105
- *privatae*（私有物）2
- *publicae*（公有物）2
- *religiosae*（宗教物）2
- *sacrae*（神聖物）2
- *sanctae*（聖護物）2
- *vi possessae*（強奪品）70

restituere（回復する）81
Restitution（回復）80
Restitutionsklausel（回復条項）77
Retentionsrecht（留置権）99, 108
reversio in potestatem（〔盗品の被害者の〕権力下への復帰）70
richterliche Pfandrechte（審判人による担保権）108
Rückübereignung（〔所有権の〕再譲渡）53, 103

S

Sabinianer（サビーヌス学派）60, 64, 66
Sachbesitz（物の占有）19
Sachdefension（物の防御）80
Sachgesamtheit（〔物の〕集合物）4, 5, 109
sacramentum（神聖賭金）75
satio（播種）63
Savigny, Friedrich Carl von(1779-1861) 50, 52
Schatzfund（埋蔵物発見）47, 61
Scheinprozeß（仮装訴訟）57, 89, 90
Selbsthilfe（自力救済）41

SC *Iuventianum*（ユウェンティウス元老院議決）79
Separationserwerb（分離取得）67
Sequester（係争物受寄者）14, 18
servitus altius non tollendi（一定の高さを超える建物建築を差し止める権利）88
- *oneris ferendi*（隣地建物を支えとする権利）88
- *stillicidii, cloacae, latrinae, fumi, immittendi*（雨水・下水・汚水・煙の排出権）88
- *tigni immitendi*（梁木差込権）87
Servituten（役権）18, 20, 39, 42, 83, 87-91, 101
servus fugitius（逃亡奴隷）26
Sicherungsfunktion（担保的作用）99
Sicherungsübereignung（譲渡担保）102
societas（組合）45
societas ercto non cito（〔相続〕財産不分割の組合）38, 44
solarium（地代）96
solutio（弁済）48, 54
Spezialpfandrechte（特定担保権）107
specificatio（加工）62, 66
sponsio（誓約）75
Stellvertreter（〔占有の取得における〕代理人）24
Stockwerkseigentum（階層所有）38
Substantialprinzip（元物主義）67
successio in possessionem（占有の承継）72
sui heredes（自権相続人）28
superficies（地上物）38, 63, 96

Superfiziar（地上権者） 96
superfluum（残余） 98, 112

T

Teilungsklage（分割訴権） 46
tempus（期間） 72
thesaurus（埋蔵物） 61
Titel（権原） 13, 15, 17, 58
titulierter Besitz（権原ある占有） 15
titulus（権原） 70
　― *acquirendi*（取得権原） 52
Titulus und Modus → Lehre von Titulus und Modus
Totsatzung（殺す質） 110
traditio（引渡） 2, 12, 15, 17, 20, 22, 37, 47, 48, 49, 52, 53, 56, 86
　― *brevi manu*（簡易の引渡〔短手の引渡〕） 22, 27, 57
　― *et patientia*（引渡と認容） 90
　― *ex iusta causa*（正当原因に基づく引渡） 51, 57
　― *longa manu*（長手の引渡） 22
Traditionssurrogat（引渡の代用） 57
tutor（後見人） 25

U

Überfall（落下） 41
Übergabe → *traditio*
Übergabe von Hand zu Hand（手から手への引渡） 22
Überhang（突出） 40
unechter Besitz（不真正な占有） 16
universitas facti（物の集合物） 5
　― *iuris*（権利の集合物） 5
　― *rerum*（〔物の〕集合物） 4, 5, 109
unmittelbarer Besitz（直接占有） 8
unrechtmäßiger Besitz（違法な占有） 15
unredlicher Besitz（不誠実な占有） 15
untitulierter Besitz（権原なき占有） 15
ursprünglicher Erwerb → orginärer Erwerb
usucapio（使用取得） 3, 15, 17, 37, 47, 68, 69-73
　― *pro herede*（相続人としての使用取得） 27, 28
Usukapient（使用取得占有者） 72
usureceptio（使用取戻） 103
usus（使用） 13
usus（使用権） 87, 94
usus-auctoritas（使用・担保〔の原則〕） 68, 69
ususfructus（用益権） 18, 87, 91-94
　― *pecuniae*（金銭に対する用益権） 94
usus modernus pandectarum（パンデクテンの現代的慣用） 52
uti frui habere possidere（使用し収益し持ち占有すること） 36
utilitas（有益性） 89

V

Verbindung → *accessio*
vectigal（借料） 95, 96
Verarbeitung → *specificatio*
Verfallsklausel → *lex commissoria*
Verfallspfand（帰属質） 116
Verfügungsrecht（〔空順位の〕処分権） 118
Verkaufsabrede → *pactum de vendendo*
Vermengung → *commixtio*

Vermischung → *confusio*（融和）
Verpfändung（差押え） 105
versio in rem（物への利益転用） 119
Verzicht（放棄） 90, 93
vi clam precario（暴力、隠秘、許容により）
 16
via（車道通行権） 87
vicinitas（近接） 89
Viehtrieb → *actus*
vindicatio（所有権の主張） 58, 75
vindicatio caducorum（顛落財産取戻訴権） 79
 — *pignoris*（質物取戻訴権） 114
 — *pro parte*（所有持分取戻訴権） 65
 — *servitutis*（役権取戻訴権） 89, 91
 — *ususfructus*（用益権取戻訴権） 93
Vindikationslegat（物権遺贈 *legatum per vindicationem*） 47, 90, 92
Vorrückungsrecht（順位上昇権） 118

W

Wasserleitung → *aquaeductus*
Wasserschöpfrecht → *aquae haustus*
Weiderecht → *ius pascendi*

Z

ziviler Besitz → *possessio civilis*
zivliles Eigentum（市民法上の所有権） 36, 57
Zubehör（従物） 5
Zurückbehaltungsrecht → Retentionsrecht
Zurückersitzung（取戻的取得時効） 103
zusammengesetzte Sache → *corpus ex contingentibus*
Zwölftafeln（十二表法） 41, 45, 68, 69, 72

成 句 索 引

Accessorium cedit principali.（従物は主物に従う） 6, 63, 64

Fiscus semper habet ius pignoris.（国庫は常に質権を持つ） 107

in dubio pro reo（疑わしきは被告に有利に） 12

Mala fides superveniens nec nocet.（後発的悪意は不利益をもたらさず） 71

Nemini res sua servit.（何人も自己の物に役権を有することはない） 88

Nemo sibi ipse causam possessionis mutare potest.（何人も自ら自己の占有原因を変更することはできない） 27

Nemo plus iuris ad alium transferre potest quam ipse haberet.（何人も自身が有する以上の権利を他人に移転することはできない） 47, 56, 59

Pignorum causa est indivisa.（質権の性質は不可分である） 100

prior tempore prior iure（時において早ければ権利においてより強い） 101, 116

Res transit cum sua causa.（物はその性質とともに移転する） 101

Servitus in faciendo consistere nequit.（役権は作為を内容とすることを得ない） 88

Servitutibus civiliter utendum est.（役権はこれを市民らしく行使しなければならない） 89

Servitutis causa perpetua esse debet.（役権の目的は永続的なものでなければならない） 89

Superficies solo cedit.（地上物は土地に従う） 38, 63, 96

Ubi meam rem invenio, ibi vindico.（予が予の物を発見するところ予これを取り戻す） 74

Usus fructus est ius alienis rebus utendi fruendi salva rerum substantia.（用益権はその実質を大切にして他人の物を使用収益する権利である） 91

Wer sät, der mäht.（播いた者が刈り入れる） 67

資 料 索 引

ガーイウス『法学提要』
1,119　57-58
2,19-20　51
2,20　50
2,24　58
2,55-57　28

パウルス『断案録』
5,2,2　24

ユ帝『法学提要』
2,1,40　50, 51

ユ帝『学説彙纂』
6,2,1　84
7,1,1　91
12,1,18pr.　49, 50
41,1,9,3　50, 51
41,1,31pr.　50, 51
41,1,36　50
49,14,46,3　107
50,17,54　47

ユ帝『勅法彙纂』
2,3,20　51

訳者あとがき

　原著は、拙訳『ローマ債権法講義』の原著と一緒に、訳者が 1987 年にオーストリアのグラーツ大学を訪れた折りに、著者クリンゲンベルク教授から直接いただいたものであり、原著の特徴や、翻訳に至った経緯も『債権法講義』の場合と同様である。著者は同書の日本語版への序文において、「私は、学生が当該法制度の特徴を把握し得るよう、各テーマの概観を示し、なるほどと分かるような具体例を挙げることが重要であると考え、この授業方針に沿って講義を進めている」と述べているが、学生に分かり易くというクリンゲンベルク教授の方針は、本書『物権法講義』においても貫かれている。ローマ法の講義のための学生向け教科書として本書も多くの方々に利用して頂ければ幸いである。

　なお、本書の完成にあたっては、神戸大学の同僚である窪田充見教授に今回もお世話になった。窪田教授には原稿に目を通して頂き、貴重なご意見を頂戴することができた。ここに記して感謝の意を表したい。また、本書の出版を快くお引き受け頂いた大学教育出版佐藤守代表取締役、優れたセンスで本書の構成について適切な助言をして頂いた編集・出版部安田愛さんに感謝申しあげる。

2006 年 12 月

瀧澤栄治

■著者紹介
　ゲオルク・クリンゲンベルク（Georg Klingenberg）
　　1942 年　オーストリアのグラーツ（Graz）に生まれる
　　現　在　リンツ（Linz）大学（ローマ法研究所）教授

■訳者紹介
　瀧澤　栄治（たきざわ　えいじ）
　　1954 年　新潟県新潟市に生まれる
　　1979 年　東北大学法学部卒業
　　現　在　神戸大学大学院法学研究科教授

ローマ物権法講義

2007 年 3 月 5 日　初版第 1 刷発行

　■著　　者──ゲオルク・クリンゲンベルク
　■訳　　者──瀧澤　栄治
　■発行者──佐藤　守
　■発行所──株式会社 大学教育出版
　　　　　　　〒700-0953　岡山市西市 855-4
　　　　　　　電話(086)244-1268㈹　FAX(086)246-0294
　■印刷製本──モリモト印刷㈱
　■装　　丁──ティーボーンデザイン事務所

Ⓒ Georg KLINGENBERG, Eiji TAKIZAWA 2007, Printed in Japan
検印省略　落丁・乱丁本はお取り替えいたします。
無断で本書の一部または全部を複写・複製することは禁じられています。

ISBN978-4-88730-726-1

好 評 発 売 中

ローマ債権法講義

著―G.クリンゲンベルク
訳―瀧澤栄治

ローマ法は近代私法の基礎であると同時に，今日もなお私法入門としての意義を持つ。本書は，オーストリアにおける著者の大学での授業経験に基づいて，ローマ法から近代法への展開を図式と具体例を挙げながら分かりやすく解説する。

ISBN 4-88730-450-1
A5判　392頁　定価3,990円

主要目次

〈第1部　債権総論〉訴権法体系の諸基礎／債務関係の分類／債務の目的／責任／給付障害／債権の消滅／多数当事者の債務関係／第三者の参加〈第2部　市民法上の契約〉要物契約／言語契約／文書契約／諾成契約〈第3部　その他の契約・準契約・不法行為〉無方式合意／準契約／不法行為　他

ヨーロッパ国際保険契約法

著―相澤吉晴

わが国において，EU保険指令における低触法規定の内容，さらには，ヨーロッパ各国における上記の低触法規定の実施状況（ヨーロッパ国際保険契約法）を初めて本格的に紹介・検討したものである。

ISBN 4-88730-662-8
A5判　350頁　定価7,980円

主要目次

〈第1部　EC国際保険契約法〉第2次損害保険指令／第3次損害保険指令／第2次生命保険指令／第3次生命保険指令／小括〈第2部　ヨーロッパ国際保険契約法〉ドイツ／フランス／イギリス／ベルギー／スイス／オーストリア／オランダ／イタリア／スペイン／総括的考察

国際契約法

著―井原　宏

国際取引法の総論部分にあたる国際契約の基本的な原則を体系的に考察する。ユニドロワ国際商事契約原則をベースとして取り上げ，ヨーロッパ契約法原則及び国際物品売買に関する国連条約などとの比較法的分析によって国際取引の基本的な原則を明らかにする。

ISBN 4-88730-713-6
A5判　362頁　定価3,570円

主要目次

第1章　制定の意義／第2章　契約の総則／第3章　契約の成立／第4章　契約の有効性／第5章　契約の内容と第三者の権利／第6章　契約の履行／第7章　契約の不履行／第8章　損害賠償／第9章　紛争解決とリーガルプランニング／第10章　国際契約を支えるルール